Maximilian I. von Bayern

kleine bayerische biografien

herausgegeben von
Thomas Götz

MARCUS JUNKELMANN

Maximilian I. von Bayern

Der eiserne Kurfürst

Verlag Friedrich Pustet
Regensburg

kleine bayerische biografien

Biografien machen Vergangenheit lebendig: Keine andere literarische Gattung verbindet so anschaulich den Menschen mit seiner Zeit, das Besondere mit dem Allgemeinen, das Bedingte mit dem Bedingendem. So ist Lesen Lernen und Vergnügen zugleich.
Dafür sind gut 100 Seiten genug – also ein Wochenende, eine längere Bahnfahrt, zwei Nachmittage im Café. Wobei klein nicht leichtgewichtig heißt: Die Autoren sind Fachleute, die wissenschaftlich Fundiertes auch für den verständlich machen, der zwar allgemein interessiert, aber nicht speziell vorgebildet ist.
Bayern ist von nahezu einzigartiger Vielfalt: Seinen großen Geschichtslandschaften Altbayern, Franken und Schwaben eignen unverwechselbares Profil und historische Tiefenschärfe. Sie prägten ihre Menschen – und wurden geprägt durch die Männer und Frauen, um die es hier geht: Herrscher und Gelehrte, Politiker und Künstler, Geistliche und Unternehmer – und andere mehr.
Das wollen die KLEINEN BAYERISCHEN BIOGRAFIEN: Bekannte Personen neu beleuchten, die unbekannten (wieder) entdecken – und alle zur Diskussion um eine zeitgemäße regionale Identität im Jahrhundert fortschreitender Globalisierung stellen. Eine Aufgabe mit Zukunft.

DR. THOMAS GÖTZ, Herausgeber der Buchreihe, geboren 1965, lehrt Neuere und Neueste Geschichte an der Universität Regensburg. Veröffentlichungen zu Stadt und Bürgertum in der Neuzeit.

Inhalt

Bronzebüste Maximilians I., um 1640. Die früher fälschlicherweise dem bereits 1634 gestorbenen Hans Krumper zugeschriebene Plastik dürfte wahrscheinlich von dem 1630–1648 in München als Bossierer wirkenden Alessandro Abbondio geschaffen worden sein. Dieses wohl eindrucksvollste Portrait des Kurfürsten befand sich bis Anfang des 20. Jahrhunderts in einer Nische über der Sakristeitür der Michaelskirche und wurde dann ins Residenzmuseum gebracht. Die mit einer Höhe von 65,5 cm lebensgroße Büste zeigt Maximilian im Harnisch mit Feldbinde, Orden vom Goldenen Vließ und Lorbeerkranz. Das schulterlange Haar ist nicht vor 1639/1640 bezeugt.

»An Weisheit der Salomon seiner Zeit, durch militärische Erfolge, Frömmigkeit und Ruhm in aller Welt bekannt, führte er mit vier Königen Krieg und brachte die Kurwürde und die Oberpfalz wieder an Bayern zurück. Nach einem dreißigjährigen Krieg bemühte er sich um den Frieden Deutschlands und erreichte ihn auch. Es lebe in Ewigkeit Maximilian.«

Inschrift am Sarkophag Maximilians I.
in der Gruft der Münchner Michaelskirche

1 Der eiserne Kurfürst

EINLEITUNG

Diese kleine Biographie bezeichnet Maximilian I. im Untertitel als den »eisernen« Kurfürsten, nicht als den »großen«, was verbreitet, aber umstritten ist. Schon das Erscheinungsbild des Herrschers, der sich fast immer im schlichten schwarzen Feldharnisch darstellen ließ, demonstriert Härte und Strenge, Eigenschaften, die alle, die sich über Maximilian geäußert haben, Zeitgenossen wie Nachwelt, Bewunderer wie Kritiker, für höchst kennzeichnend gehalten haben. Dazu passen viele der anderen Charakterzüge, über die weitgehende Einigkeit herrscht, so vielfältig, zum Teil sogar widersprüchlich sie erscheinen mögen. Ernst, Pflichtgefühl, Arbeitseifer, Wille, Autorität, Selbstdisziplin, Verantwortungsbewußtsein, Zielstrebigkeit, Hartnäckigkeit, Verstandesschärfe, Realismus, Vorsicht, Skrupelhaftigkeit, Sparsamkeit, Ordnungssinn, Organisationstalent, Pedanterie, Rechthaberei, Sarkasmus, Mißtrauen, Verschlossenheit, Ehrgeiz, Stolz, Rachsucht, eine stoische kriegerische Grundhaltung bar jeder Abenteuerlust und Ruhmgier, und schließlich eine tragende, zwischen enthusiastischem Überschwang und selbstquälerischer Askese schwankende tiefe Religiosität. Viele dieser Eigenschaften kamen ihm in seiner mehr als ein halbes Jahrhundert dauernden Regierungszeit in Frieden und Krieg sehr zugute, wenn sie ihn auch nicht immer sympathisch machten. Seine folgenschweren Auftritte auf der bayerischen, deutschen und europäischen Bühne fielen in eine Epoche, die gleichfalls oft als »eisernes Zeitalter« bezeichnet wird, erfüllt von Kriegen und Revolten, Glaubenskämpfen, Konflikten zwischen Ständen, Dynastien und den Organen des werdenden modernen Staates, Ketzer- und Hexenverfolgungen, Hungersnöten und Pestepidemien, von Fanatismus, heroischen Idealen und stoischem Ethos.

Maximilian kam in jungen Jahren an die Regierung, da sein Vater wegen drohenden Staatsbankrotts sein Amt niederlegte. Die ersten beiden Jahrzehnte seiner Herrschaft standen unter dem Zeichen der Innenpolitik, ganz besonders der Finanzpolitik, denn das Schicksal seines Vaters war für den jungen Herzog ein traumatisches Erlebnis. In unermüdlicher Schaffenskraft machte er aus Bayern so etwas wie einen frühabsolutistischen Musterstaat. Ausgerichtet an den Normen des tridentinischen Reformkatholizismus und der jesuitisch geprägten Gegenreformation schuf er ein bayerisches Rom. Diesen Staat führte er in den langen und schrecklichen Dreißigjährigen Krieg, den er als einer der wenigen Fürsten von Anfang bis Ende mitmachte und an dessen Ausbruch, Verlauf und Beendigung er maßgeblicheren Anteil hatte als es der Größe seines Landes eigentlich entsprach. Über Schuld und Unschuld wird zu reden sein. Jedenfalls gehörte er zu der Minderheit deutscher Fürsten, die aus dem Krieg mit Gewinn hervorgingen, indem er seine schon am Anfang gemachte Beute, die Kurwürde und damit die Rangerhöhung seines Hauses und seines Landes sowie die Oberpfalz, über die Wechselfälle des Krieges hinwegzuretten vermochte, erkauft freilich mit ungeheuren Verlusten an Gut und Leben.

Erstaunlicherweise hat dieser asketische und sparsame Herrscher es vermocht, inmitten der Anspannungen einer Staatsreform und des Krieges ein reiches kulturelles Erbe zu schaffen, das er mit ästhetischer Sensibilität und sicherem Urteil zusammentrug. Im Übergang von der Renaissance zum Barock errichtete er mit der Münchner Residenz die größte und prächtigste Palastanlage im ganzen Reich und außerdem das Landschloß Schleißheim. Er gab Bronzeskulpturen, Gemälde, Wandteppiche der höchsten Qualitätsstufe in Auftrag und legte mit erstaunlicher Kennerschaft eine Sammlung alter Meister von europäischem Rang an. Er tat das zum Teil aus Gründen der Repräsentation, des Ansehens und des Anspruchs seiner Dynastie und seines Landes, zum Gutteil aber auch aus persönlicher Leidenschaft. Das Sammeln und Genießen von Kunstwerken war neben der Pferdehaltung und der Jagd die einzige Erholung, die sich dieser arbeitswütige Herrscher gönnte. Dabei wird immer wieder deutlich, daß er in der Kunst ebenso wie in Verwaltung, Diplomatie und Kriegführung ein sicheres Gespür für Talente besaß, die er an sich zog, in seine Konzeptionen integrierte und zu denen er eine starke, wechselseitige Loyalität aufzubauen und zu erhalten vermochte. Ich habe daher Kurzbiographien einiger der Mitarbeiter Maximilians in den Text eingefügt, um auf die Wechselwirkung zwischen ihnen und ihrem Herrn aufmerksam zu machen, ohne die eine Leistung auch des größten Regenten nicht möglich und nicht verständlich ist.

Persönlichkeit und Zeitalter bringen es mit sich, daß über Maximilian I. mehr geschrieben wurde als über andere bayerische Herrscher. Er selbst hat als unermüdlicher Held des Schreibtisches und Bürokrat eine enorme Menge an Akten hinterlassen, die noch keineswegs alle erschlossen und publiziert sind, so daß noch mit manchem Fund und mancher Überraschung zu rechnen ist. Auch war Maximilian ein großer Förderer der Geschichtsschreibung. Der dritte Band der von ihm in Auftrag gegebenen Geschichte Bayerns, der sich ausschließlich mit seiner Regierungszeit beschäftigt und den sein letzter Beichtvater, der Jesuit Johannes Vervaux (s. S. 53), unter dem Pseudonym Johann Adlzreiter verfasst hat, ist noch immer grundlegend.

Natürlich ist man von da an in allen Gesamtdarstellungen der bayerischen Geschichte oder des Dreißigjährigen Krieges mehr oder weniger ausführlich auf Maximilian I. eingegangen. Maßgeblich wurde vor allem Sigmund von Riezlers Bayerische Geschichte, deren 6. Band (1903) der Zeit 1508–1651 gewidmet ist, ein Werk, das bis fast zum Ende des 20. Jahrhunderts die ausführlichste und gediegenste Gesamtdarstellung geblieben ist und auch heute noch mit Gewinn gelesen wird. Gleichzeitig veröffentlichte Felix Stieve, ein ausgezeichneter Kenner der Materie, zahlreiche nach wie vor wichtige Einzeluntersuchungen und schrieb einen ausführlichen Artikel in der Allgemeinen Deutschen Biographie (1885). Was aber lange Zeit fehlte, war eine große monographische Biographie Maximilians. Am ehesten entsprach dem Kurt Pfisters gehoben populärwissenschaftliche Publikation von 1948. Einen guten Ersatz bot in vieler Hinsicht 1980 der 2. Teil des von Hubert Glaser herausgegebenen Katalogwerks zur Ausstellung »Wittelsbach und Bayern«, der in einem Katalog- und einem Aufsatzband erschien und unter dem Titel »Um Glauben und Reich« die Regierungszeit Maximilians I. behandelt. Zusammen mit dem Ergänzungsband »Quellen und Studien zur Kunstpolitik der Wittelsbacher«, vor allem in kunstgeschichtlicher Hinsicht und in der Präsentation des Bildmaterials, ist er bis heute unerreicht. Rasch hintereinander erschienen dann zwei von herausragenden Kennern verfaßte Biographien: zuerst die kompakte, auch ein breites Publikum ansprechende von Andreas Kraus aus dem Jahr 1990 und dann die von Dieter Albrecht aus dem Jahr 1998, die mit ihren 1176 Seiten die Krönung eines Lebenswerkes darstellt und wohl auf sehr lange Zeit als Standardwerk gelten darf. Helmut Neuhaus spricht nicht umsonst davon, daß, wer sich dem Thema Maximilian I. nähere, »Albrecht-Land« betrete. 2002 wurde schließlich in der Zeitschrift für Bayerische Landesgeschichte eine große Aufsatzsammlung veröffentlicht, die auf ein anläßlich des 350. Todesjahres des Kurfürsten (2001) stattgefundenes Symposium zurückging. Unter den zahlreichen Einzeldarstellungen sei hier hervorgehoben die Untersuchung Heinz Dollingers zur Finanzreform Maximilians 1598–1618 (1968), die weit mehr bietet, als ihre thematische und zeitliche Beschränkung zu versprechen scheint. Im Übrigen sei auf die Bibliographie verwiesen.

Angesichts der Fülle und Vielfältigkeit des Sujets einerseits und des begrenzten hier zur Verfügung stehenden Raumes andererseits erschien es mir zweckmäßig, nicht eine gleichmäßige Präsentation der langen Lebens- und Regierungszeit des Protagonisten zu versuchen, sondern die laufende Erzählung möglichst knapp zu halten und in diese mosaikartig etwas ausführlichere kleine Blöcke zu signifikanten Themen und zu wichtigen Persönlichkeiten einzustreuen und in vielen Zitaten möglichst oft Maximilian und seine Zeitgenossen im »Originalton« zu Wort kommen zu lassen. Soweit es sich nicht um Übersetzungen aus dem Latein, Italienischen oder Französischen handelt, habe ich die ursprüngliche Schreibweise beibehalten, auch wenn sie auf den ersten Blick oft schwer verständlich erscheint. Ich empfehle, die Texte laut zu lesen, dann klären sich die Probleme sofort und die Zitate entfalten ihren vollen Reiz. Besonders schwierige Wörter und Ausdrucksweisen finden sich in Klammern erklärt. Verwiesen sei auch auf die Zeittafel.

Schwerpunkte habe ich bei der Innen-, Finanz- und Kulturpolitik der ersten beiden Regierungsjahrzehnte und bei den für

Maximilian I. ausschlaggebenden Ereignissen der Jahre 1618–1623 gelegt, die um die böhmisch-pfälzische Frage kreisten. Die politischen und militärischen Ereignisse der folgenden zweieinhalb Jahrzehnte waren für Bayern in vieler Hinsicht eine Funktion dieser Initialkrise des langen Krieges. Den weiteren Verlauf bis hin zum Westfälischen Frieden in vergleichbarer Ausführlichkeit zu schildern, hätte den Umfang gesprengt. Nur dem zukunftsweisenden Verhältnis zu Frankreich habe ich noch etwas breiteren Raum gewidmet. Ich darf hier verweisen auf meine gleichfalls in diesem Verlag erschienenen Biographien Tillys und Gustav Adolfs, ferner auf einen in Vorbereitung befindlichen Band zum Thema »Der Dreißigjährige Krieg in Bayern«, in dem ich auf die ständig vernachlässigte Schlußphase des Krieges 1635–1648 gebührend eingehen werde.

Ich danke meiner Verlegerin Elisabeth Pustet, die in ihrem unverwüstlichen Enthusiasmus dieses Buch initiiert und betreut hat, und meinen Mitarbeiterinnen Marlies Höbel und Almut Bortenschlager, die sich der Organisation und der technischen Umsetzung des Manuskripts angenommen haben.

KURZER ABRISS EINES LANGEN LEBENS

Maximilian I. wurde am 17. April 1573 in der Münchner Neuveste, der späteren Residenz, als Sohn des Erbprinzen Wilhelm (ab 1579 Herzog Wilhelm V., s. S. 27f.) und der Renata von Lothringen geboren. Die ersten Jahre verbrachte er mit seinen Eltern in der Nebenresidenzstadt Landshut, nach dem Regierungsantritt des Vaters zog die Familie nach München. Maximilian wurde im Geist des tridentinischen Reformkatholizismus und eines christlichen Humanismus stoischer Prägung erzogen. 1587–1591 studierte er an der Hohen Schule von Ingolstadt mit dem Schwerpunkt Jura. An Sprachen erlernte er Latein, Französisch und Italienisch, die er fließend sprach, außerdem etwas Tschechisch und Spanisch. Seine wichtigsten Lehrer waren der Jurist Johann Baptist Fickler und der in Ingolstadt wirkende spanische Dogmatiker Gregor von Valencia S.J.

1593 besuchte er Kaiser Rudolf II. in Prag. Anschließend unternahm er eine viermonatige Reise, auf der er Innsbruck,

Trient, Venedig, Mantua, Ferrara, Florenz, Pisa, Rom, Neapel, Loreto, Assisi, Rimini, Parma, Einsiedeln, Zürich, Basel und Nancy besuchte. In Rom traf er mit Papst Clemens VIII. zusammen, in Florenz mit Maria von Medici, die als Braut in Aussicht genommen war, Maximilian aber nicht zusagte. Dagegen verlief die Brautschau in Nancy erfolgreich und führte 1595 zur Verehelichung mit Elisabeth Renata von Lothringen (s. S. 32). Den ersehnten Erben sollte ihm aber erst seine zweite, 1635 geschlossene Ehe mit Maria Anna von Österreich (s. S. 34) bescheren.

Seit 1591 nahm Maximilian an Sitzungen des Hofrats teil, 1593/1594 erstmals an einem Landtag, wobei er zeitweise seinen Vater vertrat. Die Innenpolitik war überschattet von den unüberwindlichen Finanzproblemen Wilhelms V., der bei einem jährlichen Defizit von 200.000 Gulden Schulden in Höhe von 4,8 Million Gulden angehäuft hatte. Immer wieder übernahm die Landschaft (s. S. 92f.) große Teile der Schulden, aber schon bald erreichten diese immer wieder die alte Höhe. Selbst der Geheime Vorrat (s. S. 100f.) wurde fast vollständig aufgezehrt. Angesichts des drohenden Staatsbankrotts beteiligte Wilhelm seinen Sohn ab dem April 1594 an der Regierung, doch erwies sich das als ein wenig tragfähiger Kompromiß. Auf Druck der Landstände erfolgte im Herbst/Winter 1597/1598 in mehreren Etappen die Abdankung Wilhelms V., ab dem 4. Februar 1598 war Maximilian I. im vollen Besitz der Regierungsgewalt. Er leitete sofort die gründliche Überprüfung und Reorganisation der Verwaltung ein, setzte ein peinlich genaues Abrechnungssystem durch, steuerte demonstrativ einen Sparkurs, machte sich daran, vergessene Schulden einzutreiben und systematisch die Einnahmen aus dem Kammergut und den Regalien zu verbessern und mit landesherrlichen Monopolen neue Geldquellen zu erschließen.

Die Landstände zeigten sich von der Tatkraft und Zuverlässigkeit des neuen Herzogs so beeindruckt, daß sie ihm immer wieder neue Steuern genehmigten, ohne die sonst üblichen politischen Gegenleistungen zu verlangen. Nach 1612 verhandelte Maximilian nur noch mit einem Ausschuß, der sich in Vertretung des nicht mehr einberufenen schwerfälligen Landtags als gefügige Bewilligungsinstitution handhaben ließ. Innerhalb weniger Jahre gelang es Maximilian zum Staunen des In- und Auslands, den Haushalt zu sanieren und einen großen geheimen Staatsschatz zusammenzutragen.

Ab 1607 begann der Herzog, auch außenpolitisch aktiv zu werden. Er griff erfolgreich, wenn auch sehr kontrovers beurteilt, in den Donauwörther Konflikt ein, der ihn in den Besitz dieser Stadt brachte (s. S. 118f.), er gründete 1609 die Katholische Liga, deren Oberst er wurde (s. S.103), verjagte 1611 den Salzburger Fürsterzbischof aus seinem Amt und regelte den Salzhandel im bayerischen Sinn (s. S. 116). Seine Intervention im Jülich-Berg-Kleveschen Erbfolgestreit führte 1614 zur Rekatholisierung des Herzogtums Pfalz-Neuburg, das zudem einen Teil des umstrittenen norddeutschen Erbes in Besitz nehmen konnte (s. S. 123). Das Selbstgefühl und den Anspruch Maximilians zeigt der zur gleichen Zeit erfolgende Ausbau der Münchner Residenz zur monumentalsten Palastanlage im Reich (s. S. 62f.).

Maximilians hohes Ansehen wurde 1618 deutlich, als die protestantische Seite ihn zum Kaiser wählen wollte. Maximilian lehnte ab, da er die Gefahr einer Spaltung der katholischen Partei sah. Die Annahme der böhmischen Königskrone durch Kurfürst Friedrich V. von der Pfalz (s. S. 127f.) führte im Oktober 1619 zum Abschluß des Münchner Vertrages mit Kaiser Ferdinand II. (s. S. 136f.) und zum Eintritt Bayerns in den im Vorjahr ausgebrochenen Krieg, der schließlich 30 Jahre dauern sollte. Der triumphale Sieg Maximilians auf dem Weißen Berg am 8. November 1620 (s. S. 141f.) rettete die habsburgische Herrschaft und die katholische Reichsverfassung. Bayern brachte er den vorübergehenden Pfandbesitz von Oberösterreich und die Besetzung der Oberpfalz, die ihm schließlich samt der Kurwürde des geächteten Friedrich V. übertragen wurde, als dauerhaften Besitz ein (s. S. 152f.). Auch die rechtsrheinische Unterpfalz mit Heidelberg wurde besetzt, mußte aber bei Kriegsende zurückgegeben werden. Den Widerstand, den einige in pfälzischen Diensten weiterkämpfende Heerführer bis 1623 noch leisteten, konnte die ligistische Armee unter Tilly (s. S. 110f.) brechen. Damit endete die erste Phase des langen Krieges mit einem klaren Sieg des Kaisers und der Liga. Doch eine Allianz protestantischer

Mächte, die ein Übergewicht der Habsburger verhindern wollten, zeichnete sich 1625 ab. Um dieser Bedrohung zu begegnen, verlangte Maximilian eine stärkere militärische Beteiligung des Kaisers. Da diesem die nötigen Mittel fehlten, schaltete er den finanzstarken böhmischen Militärunternehmer Wallenstein ein, der ab 1626 zusammen mit Tilly die dänisch-protestantischen Streitkräfte entscheidend schlug. Auf dem Höhepunkt des Sieges erließ der Kaiser auf Drängen Maximilians und der anderen Ligafürsten 1629 das Restitutionsedikt, mit dem er sich allerdings auch die gemäßigten protestantischen Fürsten zum Feind machte (s. S. 155f.). Gleichzeitig kam es zu schweren Spannungen innerhalb des Bündnisses, indem der Kaiser dank der Riesenarmee Wallensteins eine militärische Machtstellung erwarb, die ihn von der Liga unabhängig machte und alle Reichsfürsten, katholische wie evangelische, eine Vormacht des Hauses Habsburg fürchten ließ. Hinzu kamen die undurchsichtige Persönlichkeit Wallensteins und das landesverderbende Ausbeutungssystem seiner Armee, unter dem Freund und Feind litten. Auf dem Regensburger Kurfürstentag im Herbst 1630 setzte sich Maximilian an die Spitze des Widerstandes (s. S. 158). Wallenstein wurde gestürzt, dem bayerischen Kurfürsten die Nachfolge angeboten. Wegen der einschränkenden Bedingungen lehnte er jedoch zugunsten seines Generalleutnants Tilly ab.

Der französische Staatsmann Richelieu, der die Umklammerung Frankreichs durch die Spanischen und Österreichischen Habsburger zerschlagen wollte, brachte nun den Schwedenkönig Gustav Adolf als Gegengewicht zum übermächtigen Kaiser ins Spiel. Gleichzeitig wollte er mit Maximilian und anderen Reichsständen eine antihabsburgische Allianz gründen und schloß im Mai 1631 mit Bayern das Defensivbündnis von Fontainebleau ab (s. S. 162f.). Der umwälzende schwedische Sieg von Breitenfeld am 17. September 1631 machte jedoch all diese Pläne zunichte. Ohne daß Frankreich vertragsmäßig zu intervenieren wagte, überrannte Gustav Adolf die Länder der Liga, verwüstete Bayern und zog triumphierend in München ein. Demütigend war es für Maximilian, daß er nun auf die Hilfe des vom Kaiser zurückgerufenen Wallenstein angewiesen war. Diese kam spät, aber einigermaßen wirksam. Im November fiel Gustav Adolf bei Lützen, aber Wallenstein verfolgte von da an eine undurchschaubare, ihn schließlich allen Parteien verdächtig machende Politik, die schließlich dazu führte, daß der Kaiser ihn im Februar 1634 wegen Hochverrats eliminieren ließ. Infolge der passiven kaiserlichen Strategie jener Jahre blieb Bayern weiterhin Kriegsschauplatz. Das veranlaßte Maximilian, die Spanier einzuschalten, die er bisher stets aus dem Geschehen im Reich hatte fernhalten wollen. Das Resultat war der große kaiserlich-spanisch-ligistische Sieg bei Nördlingen am 6. September 1634, der die schwedische Machtstellung in Süddeutschland wie ein Kartenhaus zusammenfallen ließ.

Im Prager Frieden vom 30. Mai 1635 kehrten die gemäßigten protestantischen Fürsten gegen konfessionelle Zugeständnisse an die Seite des Kaisers zurück. Ungeachtet der Proteste der radikalen katholischen Kräfte, stimmte Maximilian dem zu, obwohl die Friedensbestimmungen auf eine Stärkung der kaiserlichen Position hinausliefen. Sonderbünde wie die Katholische Liga wurden aufgelöst. An ihre Stelle trat eine kaiserliche Reichsarmee, die zur Hälfte vom Kaiser bzw. seinem Sohn, zu einem Viertel vom sächsischen Kurfürsten, zu einem Viertel vom bayerischen kommandiert werden sollte.

Der Friede von Prag war jedoch illusorisch, da bereits am 19. Mai 1635 Frankreich von der verdeckten zur offenen Kriegführung übergegangen war und Spanien den Krieg erklärt hatte – was sehr rasch auch Kaiser und Reich einschloß. Die bayerische Reichsarmee übernahm die Abwehr des neuen Gegners im Westen, bis 1645 mit beachtlichem Erfolg. Dagegen mußten die Kaiserlichen und Sachsen immer wieder empfindliche Niederlagen gegen die Schweden hinnehmen. Für Bayern versprach die Fortsetzung des Kriegs aber keine lohnenden Resultate mehr, nur Kosten und Gefahren. Maximilian nahm daher immer wieder geheime Kontakte mit Frankreich auf, das – seiner berechtigten Meinung nach – den Schlüssel zum Frieden in der Hand hielt. Nachdem 1644 in Münster und Osnabrück endlich ernsthafte, doch ungemein langwierige paneuropäische Friedensverhandlungen in Gang gekommen waren, setzte der Kurfürst wieder und wieder den kaiserlichen Verbündeten massiv unter Druck, um durch konfessionelle und territoriale Zugeständnisse den Friedensschluß möglichst zu beschleunigen (s. S. 168f.). Dies umso mehr, als es ab 1645 verkennbar wurde, daß die Feinde unaufhaltsam die Oberhand gewannen. Noch zweimal, 1646 und 1648, wurde Bayern schrecklich verwüstet, Pest und Hungersnöte dezimierten die Bevölkerung um fast ein Drittel, die Finanzen waren erschöpft, die Wirtschaft zerrüttet (s. S. 166f.). Unter diesen Verhältnissen mutet es etwas zynisch an, wenn man Bayern unter die Mächte rechnet, die als Gewinner aus dem Krieg hervorgingen. Denn: Die vornehmste weltliche Kurwürde und die Oberpfalz erhielten die bayerischen Wittelsbacher durch den Westfälischen Frieden vom Oktober 1648 endgültig zugesprochen.

Der katholische Besitz im Reich wurde auf dem Stand von 1624 stabilisiert, wenn auch unter Inkaufnahme vieler Zugeständnisse, der katholische Charakter von Kaisertum und Reich erfolgreich behauptet, andererseits aber der Versuch der Habsburger, die monarchische Zentralgewalt auf Kosten der Territorialfürsten zu stärken, endgültig abgewehrt. Das war eine Bestätigung der bahnbrechenden Leistung Maximilians als Schöpfer des ersten frühabsolutistischen Verwaltungs- und Machtstaates auf deutschem Boden. Die überragende Rolle, die Bayern unter Maximilian I. auf dem internationalen Parkett gespielt hatte, war freilich nicht die Bayerns gewesen, wie Andreas Kraus sehr schön bemerkt hat, sondern die Maximilians, somit nicht wiederholbar.

Das Herzogtum Bayern

Um 1600 bestand das Herrschaftsgebiet der bayerischen Wittelsbacher aus den Herzogtümern Ober- und Niederbayern mit der Hauptstadt München. Nachdem es im späten Mittelalter zu fortwährenden Landesteilungen gekommen war, erfolgte am Ende des Landshuter Erbfolgekrieges 1505 die Wiedervereinigung des Landes unter der allein übrig gebliebenen Linie Bayern-München. Durch die gleich darauf erlassene Primogeniturordnung von 1506 wurde

Herzogtum Bayern und seine Nachbarn um 1600

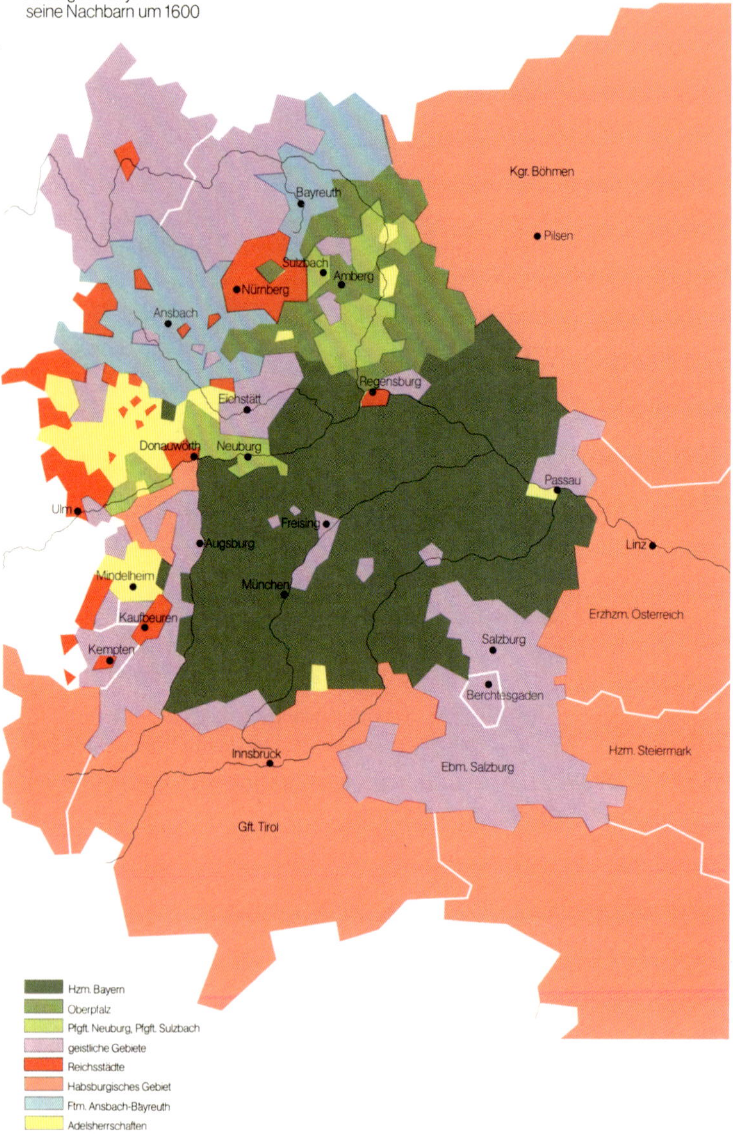

geregelt, daß das Erbe als Ganzes nur noch an den ältesten Sohn fallen durfte, wodurch die Unteilbarkeit des Landes garantiert werden sollte, obwohl sich das Prinzip erst 1578 vollkommen durchsetzte. 1521 fiel die Entscheidung, sich nicht der lutherischen Reformation anzuschließen. Damit stand Bayern unter den bedeutenderen weltlichen Fürstenstaaten des ganzen Reiches allein in seiner Treue zur alten Kirche, sieht man von der habsburgischen Ländermasse ab, in der aber in den nächsten Jahren der Protestantismus stark an Boden gewann. Die Herzöge erfreuten sich daher besonderer Wertschätzung durch Rom, zumal sie ganz entschieden die durch das Konzil von Trient eingeleiteten katholischen Kirchenreformen unterstützten.
Bayern war der einzige Flächenstaat in Süddeutschland. Die Geschlossenheit des Territoriums wurde nur durch wenige Enklaven durchbrochen, von denen die bedeutendste das Hochstift Freising war. Das 1779 an Österreich fallende Innviertel mit Braunau und Schärding gehörte um 1600 noch zu Bayern. Das Herzogtum besaß eine Fläche von 27.500 km^2 mit 34 Städten, 93 Märkten, 4.700 Dörfern und Weilern und 4.130 Einzelhöfen, zusammen 120.000 »Feuerstätten«, was auf eine Bevölkerung von einer Million Menschen schließen läßt.
Zum Vergleich: Im Reich lebten damals etwa 17 Millionen, davon 750.000 in Sachsen und je 450.000 in Brandenburg und Württemberg, den nach Bayern einwohnerstärksten Ländern. Die habsburgischen Erblande hatten eine Bevölkerung von 2 Millionen, die Länder der Wenzelskrone (Böhmen, Mähren und Schlesien) 3,8 Millionen. Bayern besaß nur eine einzige größere Stadt, die Hauptstadt München mit 20.000 Einwohnern. An nächster Stelle kamen Landshut mit 9.000, Ingolstadt mit 5000 (ohne die Garnison von gut 2.000 Soldaten und die annähernd 1.000 Studenten der Hohen Schule mitzurechnen) und Straubing mit 4.000 Einwohnern. Alle anderen Städte beherbergten weniger als 2.000 Menschen. Etwa 90 % der Bevölkerung lebten auf dem Land, in Dörfern oder kleine-

ren Ansiedlungen. Haupterwerbszweig war die Landwirtschaft. Sehr ertragreiche Böden gab es in Niederbayern (Gäuboden um Straubing, Erding). In Oberbayern waren die Böden nur mittelmäßig, im Alpenvorland überwog die Viehzucht. Bayern exportierte vornehmlich Getreide und Schweinefleisch. Neben der Landwirtschaft gab es ein verbreitetes ländliches Kleingewerbe. Große Handwerksbetriebe dominierten in den Städten und standen unter Aufsicht der Zünfte. An Bodenschätzen besaß nur das Salz von Reichenhall Bedeutung. Der Transithandel von Italien nach Mitteldeutschland hatte nach der handelsstrategischen Schwerpunktverlagerung in westliche Richtung an Bedeutung verloren, was die großen Handelszentren Augsburg und Nürnberg in Mitleidenschaft zog. Ein bayerisches Bankwesen existierte nicht, man war hier ganz auf die Reichsstadt Augsburg angewiesen.

Die Entwicklung Münchens erhielt durch den Ausbau der herzoglichen Residenz und Verwaltung starke Impulse. Ingolstadt profitierte von seiner Eigenschaft als Sitz der Landesuniversität und seiner Funktion als Landesfestung. Die stark von den Jesuiten geprägte Hochschule machte diese Stadt zum Zentrum der süddeutschen Gegenreformation.

Das Herzogtum war in vier Rentämter gegliedert, die etwa mit Regierungsbezirken zu vergleichen sind und nach ihren Hauptstädten benannt wurden: München (Oberland), Landshut, Straubing und Burghausen (Unterland).

Die Rentämter fungierten als juristische Behörden (Hofgerichte) und als finanzpolitische Verwaltungseinheiten. Von politischer Bedeutung waren nur die drei privilegierten Stände, der Adel, dessen Einfluß im Lauf des 16. Jahrhunderts vom Fürsten stark zurückgedrängt wurde, die Prälaten der landständischen Klöster und das Bürgertum der Städte und Märkte. Sie bildeten die Landstände (»Landschaft«), die im Landtag ihre politische Vertretung besaßen (s. S. 92f.). Dem Adel gleich geachtet wurden die promovierten Gelehrten, meist Juristen, die fast alle dem Bürgertum entstammten und in der staatlichen Verwaltung eine zunehmende Rolle spielten. Die Masse der Landbewohner war von Grundherren abhängig, denen sie Abgaben und Frondienste (»Scharwerk«) schuldete. Sie war es auch, die die Landsteuern zu zahlen hatten. Eine eigentliche Leibeigenschaft mit Schollenbindung hat es nicht gegeben. Auf Reichsebene gehörte das Herzogtum Bayern zum Bayerischen Reichskreis, in dem es an Größe und Macht dominierte. Er war einer von zehn Reichskreisen, die für das Militär- und Münzwesen des Reiches zuständig waren und die Reichssteuern aufzubringen hatten. Dem Bayerischen Kreis gehörten außer dem Herzogtum Bayern vor allem das Erzstift Salzburg, die Hochstifte Freising, Regensburg und Passau, das Herzogtum Pfalz-Neuburg, die Landgrafschaf Leuchtenberg und die Reichsstadt Regensburg an. Der bayerische Herzog fungierte als Kreisobrist. Die wichtigsten Nachbarn des Herzogtums waren im Südosten Salzburg, im Osten Oberösterreich, im Nordosten Passau und Böhmen, im Norden die Oberpfalz und Pfalz-Neuburg, im Nordwesten der Fränkische Kreis mit dem Hochstift Eichstätt und mehreren Reichsstädten, vor allem Nürnberg, sowie der Schwäbische Kreis mit den oettingischen Grafschaften und mehreren Reichsstädten, vor allem Nördlingen, im Westen und Südwesten der Schwäbische Reichskreis mit dem Hochstift Augsburg, den Fuggerschen Grafschaften, den Vorderösterreichischen (habsburgischen) Besitzungen und mehreren Reichsstädten, vor allem Augsburg, im Süden die gefürstete Grafschaft Tirol. Die Oberpfalz mit der Hauptstadt Amberg gehörte den wittelsbachischen Pfalzgrafen und Kurfürsten der pfälzischen Linie und war daher dem Oberrheinischen Kreis zugeordnet. Sie sollte im Dreißigjährigen Krieg an Bayern fallen (s. S. 152f.). Pfalz-Neuburg wurde von einer Nebenlinie der pfälzischen Wittelsbacher regiert.

Ganzfigurenportrait Maximilians I. im schwarzen Feldharnisch, um 1620. Nur der 1600 verliehene Orden vom Goldenen Vließ deutet den hohen Rang des Dargestellten an. Das Werk stammt von einem unbekannten Münchner Hofkünstler.

2 Person und Familie

»PRINCEPS ARMIS DECORATUS« DIE SELBSTDARSTELLUNG MAXIMILIANS

»Der Fürst soll nicht nur im Schmuck der Waffen stehen, sondern auch bewaffnet sein mit den Gesetzen, so daß er jederzeit richtig regieren kann, im Krieg wie im Frieden.« So hieß es in Paraphrase von Justinians »Corpus Juris« auf einem der Deckengemälde im ersten Trierzimmer der Münchner Residenz. Johannes Erichsen hat den »*Princeps armis decoratus*« als Titel seines wichtigen Aufsatzes über die Ikonographie Maximilians I. gewählt. Er arbeitet heraus, daß der Herzog und Kurfürst sich auf seinen offiziellen Portraits nach seiner Regierungsübernahme 1598 fast nur noch im schwarzen Feldharnisch darstellen ließ, worin ihm auch die Druckgraphik weitgehend gefolgt ist (vgl. Abb. S. 108). Selbst im Ornat der neuen Kurwürde, die ihm so wichtig war, hat er sich auf repräsentativen Bildern niemals gezeigt. Erst ab 1640 finden sich überhaupt Hinweise auf seine Rangerhöhung in Gestalt des Kurhutes und des Reichsapfels, die auf einem Tisch abgestellt sind, aber nicht am Körper getragen werden. Diese einseitige Dominanz des kriegerischen Habitus war in der fürstlichen Ikonographie seiner Zeit durchaus ungewöhnlich, im Allgemeinen überwogen Portraits in höfischem Zivil, wie das auch bei seinen Vorfahren der Fall gewesen war. Dies ist nicht einfach als Reaktion auf den Dreißigjährigen Krieg zu werten, setzt die geharnischte Version seines Bildnisses doch bereits 20 Jahre vor dem Ausbruch dieses Konflikts ein. Ausgenommen einige Altersbildnisse, wollte Maximilian also mehr als Feldherr denn als Regent gesehen werden. So wurde auch der enorme Wert, den er einem wohlgefüllten Staatsschatz beimaß, von ihm zu allererst mit der Kriegsbereitschaft begründet, die sonst nicht herzustellen sei. Nicht daß er in jugendlichem Übermut auf kriegerische Abenteuer versessen gewesen wäre, als er diesen Portraittyp kreieren ließ, dafür war er viel zu nüchtern und realistisch, aber er sah angesichts der Schlechtigkeit der Menschen einen Fürsten nur ernst genommen, wenn er glaubhaft mit kriegerischer Gewalt drohen konnte und bereit war, sie im Bedarfsfall wirklich einzu-

Reiterportrait Maximilians I. als siegreicher Feldherr, nach 1626. Die großformatige Darstellung wurde von Matthias Kager entworfen und von Wolfgang Kilian gestochen. Der Kurfürst sprengt vor dem Hintergrund einer nicht zu präzisierenden Gefechtshandlung dahin. An den das Bild seitlich einrahmenden Bäumen hängen Trophäen, die auf die Siege der bayerisch-ligistischen Truppen hinweisen, darunter zahlreiche Bauernwaffen, die gewiß der Niederwerfung des Bauernaufstandes in Oberösterreich 1626 gelten. Rechts unten lagern vier Flußgötter, um die geographische Ausdehnung der kurfürstlichen Erfolge anzudeuten, wohl Moldau, Donau, Neckar und Rhein. An einem kleinen Ast unterhalb des Pferdeschweifes hängt der englische Hosenbandorden des Winterkönigs, den die Bayern in Prag erbeutet hatten. Links führen ein Gorgonenschild, Masken, die vielköpfige Hydra und andere Schreckgestalten die Falschheit und hilflose Wut der Kontrahenten Maximilians vor Augen.

setzen. Schon lange vor dem Dreißigjährigen Krieg hat er in den Affären von Donauwörth und Salzburg eindringlich gezeigt, daß er ernst zu nehmen war, tödlich ernst.

»Der regierende Herzog dieses Staates heißt Maximilian, ist etwa 55 Jahre alt, ein Fürst von größter Urteilskraft und Klugheit, der alles wissen will, sowohl bezüglich der Angelegenheiten des Staates als auch denen seines Hauses. Dennoch ist er äußerst gefürchtet von den Seinen, denn er ist auch streng und fordert bis ins Kleinste Gehorsam. Er hat eine rötliche Gesichtsfarbe, wirkt abge-

zehrt, da er ständig an Katarrh leidet, ist überhaupt nicht sehr gesund, wenngleich er sehr mäßig ist im Essen wie im Trinken. Er hat rote Haare [auf seinen Portraits wirkt er eher dunkelhaarig, allenfalls der Bart mag als rötlich gelten], ist von mittlerer Größe und hat eine weiblich wirkende Stimme; er kleidet sich auf französische Art und ist niemals von dieser Gewohnheit abgegangen, seit er die Schwester des verstorbenen Herzogs von Lothringen geheiratet hat.«

Der päpstliche Nuntius Carlo Caraffa 1637

»...auch zeigt er [Maximilian] Feuereifer in der Verfolgung seiner Wünsche und ist etwas empfindlich; quidquid vult, vehementer vult [was er will, das will er mit Vehemenz].«

Antonio Caetani, päpstlicher Nuntius in Prag, an den Kardinalsekretär Scipione Borghese, 3. März 1608

In der langen Schlußphase des Krieges läßt sich ein gewisser Wandel Maximilians beobachten, der auf drei Ursachen zurückzuführen sein dürfte. Zum einen bot die Fortführung des Krieges Bayern keine Aussicht mehr auf irgendwelche Vorteile, gefährdete vielmehr das bereits Erreichte. Dann wurde es immer unverkennbarer, daß die französisch-schwedische Seite ein nicht mehr zu beseitigendes militärisches Übergewicht erlangt hatte mit der Folge, daß Bayern immer wieder von den Kaiserlichen preisgegeben und vom Feind verwüstet wurde. Man konnte also nur noch verlieren und nicht mehr gewinnen. Wozu dann das Volk noch weiter schinden? Und schließlich war der greise Kurfürst selbst erschöpft und kriegsmüde. Mit aller Macht drängte er auf den Frieden. »*Bellum optimum, quod nullum*«, »Der beste Krieg ist: gar keiner«, schrieb er 1639 in den »*Monita Paterna*«, den »Väterlichen Ermahnungen« für seinen Nachfolger. Freilich waren christlich-friedensfreundliche Sentenzen üblich in solchen politischen Vermächtnissen. Zum Pazifisten wurde Maximilian aber nicht. Das zeigen seine Grabinschrift, die ihn rühmt, mit den mächtigsten Königen Krieg geführt zu haben, und die Umrahmung seines Altöttinger Herzmonuments mit Waffen und Trophäen (s. S. 174).

Der junge Maximilian I. als Herkules am Scheideweg, 1595. Die von Friedrich Sustris entworfene und von Johann Sadeler d. Ä. gestochene Szene gilt als Allegorie auf die Mitregentschaft Maximilians, die er am 1. Januar 1595 übernahm. Es gab von diesem Werk eine zweite, im Original verschollene Version, in der Herkules ganz eindeutig die Züge des jungen Maximilian trägt. Die Identität wird auch durch das bayerische Wappen auf einer der beiden Trompetenfahnen der vom Olymp herabschwebenden Ruhmesgöttin Fama bezeugt. Herkules, dem Halbgott der tugendhaften Stärke und des heroischen Kämpfertums gegen alle Übel, hat sich Maximilian stets verbunden gefühlt. In der hier dargestellten Szene aus dem Mythos, steht der jugendliche Herkules mit geschulterter Keule an einer Wegegabelung. Rechts will ihn eine tanzende Voluptas verlocken, den bequemen Weg zu Sinnesfreuden zu beschreiten, links weist ihm Virtus den steinigen und steilen Pfad zur Höhe der Tugend und des Ruhmes. Natürlich wird sich Herkules-Maximilian für letzteren entscheiden. Im Olymp hat Jupiter schon Minerva, die Göttin kluger Politik und Kriegführung, losgeschickt, um dem jungen Helden bei seiner schweren Wahl beizustehen, von der das Wohl der Welt abhängt.

DER VATER: HERZOG WILHELM V. VON BAYERN

*1548 (München), †1626 (München oder Schleißheim), reg. 1579–1597/1598, abgedankt

Wilhelm V., dem man mit gutem Grund den Beinamen »der Fromme« gegeben hat, entstammte der Ehe Herzog Albrechts V. mit der Habsburgerin Anna von Österreich. Er wurde in Landshut geboren, wo er später auch seine Erbprinzenzeit verbringen sollte. Er genoß eine sorgfältige Erziehung an der Universität Ingolstadt. Schon früh stand er unter dem Einfluß des von seinem Vater ins Land geholten Jesuitenordens. 1568 hielt Wilhelm unter Entfaltung von aufsehenerregendem Prunk Hochzeit mit Renata von Lothringen (1544–1602). Aus der ausnehmend harmonischen Ehe gingen zehn Kinder hervor, bevor sich das fromme Ehepaar 1587 zu keuscher Enthaltsamkeit entschloß. Das Haus Lothringen spielte während der französischen Religionskriege (Hugenottenkriege) eine mit den bayerischen Wittelsbachern vergleichbare Rolle als Führer der katholischen Aktionspartei. Es kam daher im 16. und 17. Jahrhundert immer wieder zu ehelichen Verbindungen der Häuser Lothringen, Habsburg und Wittelsbach-Bayern. Auch Maximilians I. erste Gemahlin Elisabeth Renata sollte aus dem Hause Lothringen stammen.

Von seinem Vater hatte Wilhelm V. die Leidenschaft für das Sammeln und Bauen geerbt, wobei er, gleich diesem, wenig Rücksicht auf die Finanzlage nahm. Dem manieristischen Zeitstil entsprechend, zeigte die Hofkunst, die in den Händen italienischer und in Italien ausgebildeter niederländischer Meister lag, widersprüchliche Züge zum Heroisch-Monumentalen, zum Mystisch-Düsteren und zum Phantastisch-Verspielten. Wilhelms bedeutendste Bauten waren der Grottenhof in der sich entwickelnden Residenz am Nordrand Münchens, die Wilhelminische Neuveste (später bekannt als Herzog-Max-Burg), das Münchner Jesuitenkolleg und vor allem die daran anschließende Jesuitenkirche St. Michael an der Neuhauser Gasse, der gewaltigste Kirchenbau der Renaissance nördlich der Alpen, der zwischen 1583 und 1597 entstand. In dieser Kirche plante er für sich und seine Gemahlin ein gigantisches Grabmal mit zahlreichen Bronzeplastiken, das aber aus Kostengründen nie vollendet werden konnte und dessen fertiggestellte Einzelplastiken durch seinen Sohn anderweitige Verwendungen finden sollten. Nördlich der Hauptstadt erwarb Wilhelm V. in Schleißheim ab 1595 mehrere Schwaigen (auf Viehzucht spezialisierte Gutshöfe). Er schuf daraus einen weitläufigen Komplex, der den Charakter eines Mustergutes und ländlichen Erholungssitzes mit dem einer religiös-romantischen Eremitage verband, indem er dort neun von Eremiten bewohnte Klausen nach dem Vorbild der neun römischen Stationskirchen errichtete. 1616 trat er Schleißheim an seinen Sohn ab, der das Herrenhaus in ein Landschloß norditalienischen Typs umbaute (s. S. 68).

Außenpolitisch verfocht Wilhelm V. den von seinen Vätern ererbten militanten antiprotestantischen Kurs, den er mit einer erfolgreichen dynastischen Reichskirchenpolitik verband, die mehrere bedeutende geistliche Fürstentümer an wittelsbachische Prinzen brachte, vor allem das Erzstift und Kurfürstentum Köln, das er im Kölner Krieg von 1583 seinem Bruder Ernst erstritt. Er verhinderte damit, daß dieses Kurfürstentum in protestantische Hände geriet, was unübersehbare Folgen für das konfessionelle Gleichgewicht im Reich gehabt hätte. Es war der erste spektakuläre politisch-militärische Erfolg, den die Kräfte der Gegenreformation in Deutschland erzielten. Wenn auch siegreich, führte dieser Krieg doch zu einer weiteren drastischen Erhöhung der bayerischen Staatsschulden. Wilhelm hatte schon von seinem Vater einen defizitären Haushalt geerbt, hinzu kamen die Verbindlichkeiten aus seiner stürmischen Landshuter Jugendzeit, die enormen Kosten seiner Bau- und Sammeltätigkeit und die finanziellen Folgen seiner engagierten Kirchen-, Familien-, Außen- und Militärpolitik. Dies brachte ihn immer wieder in Konflikt mit den Landständen, die einen Staatsbankrott befürchteten und nur noch schwer zu bewegen waren, ständig neue Schulden zu übernehmen.

Wenn auch sein Gesundheitszustand – Wilhelm litt an chronischen Kopfschmerzen – und sein Hang zu selbstquälerischer Gewissenserforschung und melancholischer Zurückgezogenheit eine Rolle gespielt haben mögen, so waren es doch in erster Linie die desolate finanzielle Situation und die hieraus resultierende ständische Opposition, die im Herzog den Entschluß reifen ließen, seinen bedeutende Anlagen zeigenden ältesten Sohn Maximilian seit 1594 als Stellvertreter an den Regierungsgeschäften zu beteiligen. Die Doppelregierung bewährte sich aber nicht, da Wilhelm nicht aufhörte, sich in die Geschäfte einzumischen und sich trotz aller guten Vorsätze weiterhin als unfähig erwies, sein finanzielles Gebaren zu disziplinieren. Das nötigte ihn schließlich dazu, ab 15. Oktober 1597 in mehreren Teilregelungen, die sich bis in den Februar 1598 hinzogen, die Herzogswürde ganz abzutreten. Obwohl er durchaus weiterhin regen Anteil am politischen Geschehen nahm und dabei stets einen ehrgeizigen, ja aggressiven konfessionellen und dynastischen Kurs vertrat, widmete er sich jetzt doch schwerpunktmäßig seinen künstlerischen Interessen und vor allem einer exemplarisch frommen Lebensführung. Wilhelm und seine Gemahlin speisten regelmäßig Arme an ihrer Tafel, besuchten Kranke und Sterbende, machten Stiftungen, wallfahrteten, kasteiten sich mit Geißeln und härenen Untergewändern. Der Tod Renatas, die 1602 an den Folgen einer Altöttingwallfahrt starb, ließ den Herzog untröstlich. An ihrer Seite wurde er 1626 in der Gruft der Michaelskirche beigesetzt, deren Einweihung sein letzter Staatsakt vor der Abdankung gewesen war.

Gruppenbild der bayerischen Herzogsfamilie als Hl. Familie, um 1575/1585. Das dem Niederländer Engelhard de Pee zugeschriebene Gemälde zeigt die Darstellung des Jesusknaben im Tempel. Die zentrale Figur ist der 1573 geborene Erbprinz Maximilian in der Rolle des kleinen Jesus, der von seiner Mutter Renate von Lothringen als Gottesmutter Maria (rechts von ihm) und der Großmutter Maximilians Anna von Österreich als namensgleiche Großmutter Jesu dem Hohenpriester präsentiert wird. Letzterer trägt die Gesichtszüge Herzog Ernsts, Maximilians Onkel, dem zwischen 1573 und 1585 eine Reihe von Bischofsstühlen zufiel (Freising, Hildesheim, Lüttich, Köln, Münster). Mit dem Erzbistum Köln errang er 1583 erstmals die Kurwürde für ein Mitglied der bayerischen Wittelsbacher. Links hinter Ernst der Vater Maximilians, Herzog Wilhelm V., in der Rolle des Hl. Joseph und ganz links außen der Großvater, Albrecht V. Am rechten Bildrand ein weiterer Onkel Maximilians, Herzog Ferdinand. Während Albrecht V. und Ferdinand nur als Zuschauer fungieren, stellt rechts unten die Urgroßmutter Maximilians Jakobäa Maria von Baden die Prophetin Hanna dar. In dem Engel mit den Opfertauben in der Mitte des Vordergrundes ist wahrscheinlich der totgeborene ältere Bruder Maximilians Christoph zu sehen.
Das biblische Rollenspiel der herzoglichen Familie signalisiert die Bedeutung des katholischen Zweiges des Hauses Wittelsbach für die Reichskirche und zeigt ostentativ ihre Identifizierung mit dem Heiligenkult der alten Kirche.

Marienvision des Hl. Wilhelm, der seine Waffen zu Füßen der Muttergottes niedergelegt hat. Altarbild Peter Candids für die Wilhelmskapelle des Schleißheimer Herrenhauses, das Maximilian I. zum Landschloß ausbaute, gegen 1600. Der als Namenspatron Wilhelms V. in Schleißheim verehrte Heilige war eine Mischung aus zwei Heiligen dieses Namens – des Hl. Wilhelm von Malavalle und des Hl. Wilhelm von Aquitanien oder von Gellone. Ihre Viten wiesen deutliche Parallelen zur Situation Wilhelms V. Ende der 1590er Jahre auf: Ein Ritter wird Eremit, ein ruhmreicher Staatsmann entsagt der Welt. Der eine wie der andere gründet eine Klause oder ein Kloster, wo er seine späten Jahre heiligmäßig verbringt. Mit ähnlichen Absichten baute der abgedankte Herzog sein ländliches Refugium mit neun Klausen aus. Auch dem Namenspatron seiner Frau, dem Hl. Renatus, wurde eine der Klausen geweiht. Peter Candids Gemälde thematisiert zugleich die Verbindung von Politik, Krieg und Religion, die die Regierung Maximilians I. in noch höherem Maß kennzeichnen sollte als die des Vaters, ohne daß sie aber in Resignation und Weltflucht endete.

EINE LANGE, FAST IDEALE EHE: HERZOGIN/KURFÜRSTIN ELISABETH RENATA VON LOTHRINGEN

* 1574 (Nancy), † 1635 (Kloster Ranshofen bei Braunau)

Maximilian machte die Bekanntschaft seiner künftigen ersten Gemahlin im Juni 1593 in Nancy, am Hof ihres Vaters, des Herzogs Karl III. von Lothringen. Ihre Mutter war Claudia von Valois, Tochter König Heinrichs II. von Frankreich. Über Maximilians Mutter Renata von Lothringen war Elisabeth seine Cousine. Es scheint von Anfang an eine starke persönliche Zuneigung zwischen dem Brautpaar geherrscht zu haben. Die Hochzeit fand am 6. Februar 1595 in Nancy statt. Elisabeth stammte aus einer Familie, die ebenso streng katholisch war wie die bayerischen Wittelsbacher, doch herrschte am lothringischen Hof eine ungezwungene Eleganz, die den Bräutigam befremdete und die es der Braut nicht leicht machte, sich in München mit seiner Mischung aus spanischer Gravität und deutscher Frugalität einzugewöhnen, wozu noch das harte Wesen und der Hang zur Melancholie Maximilians traten. Es gelang Elisabeth jedoch, sich dem Stil des bayerischen Hofes anzupassen und bei aller Frömmigkeit und Tugendstrenge eine gewisse heitere Leichtigkeit in das Leben ihres Gatten zu bringen, die dieser dankbar annahm. Der fast 40 Jahre währenden harmonischen Ehe blieb jedoch das in einer dynastischen Verbindung letztlich Entscheidende versagt – der Erbe. Keine Gebete, keine Wallfahrten, selbst nicht der Exorzismus, auf den Maximilian in der zeittypischen Annahme, die Unfruchtbarkeit sei durch Verhexung verursacht, zurückgriff, schufen Abhilfe, die Ehe blieb kinderlos. Während der langen durch die Schwedengefahr und die Furcht vor der Pest verursachten Abwesenheit des Hofes von München, die vom Dezember 1632 bis zum Mai 1635 dauerte, erkrankte Elisabeth und starb am 4. Januar 1635 im Kloster Ranshofen nahe Braunau im damals noch bayerischen Innviertel. Maximilians Trauer um seine »liebste Gemahlin und einzigen zeitlichen Trost« und ihr »betrüebtes herzschneidendes schaiden« war tief, ja verzweifelt. Obwohl die Meßstipendien wegen der Pest in München ausgebucht waren, wurden bis Mitte März in den Kirchen der Hauptstadt 3139 Seelenmessen für Elisabeth gelesen, weitere Messen bei den Jesuiten in Rom und in Loreto.

»Es ist gar aine wackere, verständige, gottesfürchtige fürstin [Elisabeth von Lothringen], welche auf ihrem herrn große acht hat. Wann sie merckt, das ihr herr melancholisch ist, so bringt sie immer über der tafel mit dem Budin [der Hofnarr Nikolaus Budin], ihrem fürschneider [Tranchierer], etwas für, das ihr herr muß lachen und die schwere gedancken etlicher maßen auß dem sinn schlagen. Mit mir hat sie deütsch und französisch geredt. Die deütsch sprach stehet ihr wohl an, dan man an der pronuntiation wol mercket, das sie kain geborne deütsche ist.«

Der Augsburger Kunstagent Philipp Hainhofer in seinem Bericht über seine Reise an den Münchner Hof im Herbst 1612

Doppelbildnis Maximilians I. und Elisabeths von Lothringen. Das von dem Augsburger Dominicus Custos 1598 gestochene Blatt zeigt Portraits, die auf Vorlagen aus dem Hochzeitsjahr 1595 zurückgehen. Die Ehre in Gestalt eines gepanzerten antiken Kriegers, gehüllt in einen gerauteten Mantel, hält Maximilian den Herzogshut über den Kopf, was auf der Gegenseite von der Verkörperung der Tugend besorgt wird. Dazwischen als Symbol der ewigen Eintracht eine von Lorbeerzweigen und einer Schlange umschlungene Säule, darüber eine himmlische Taube mit einem Ölzweig im Schnabel, die dem Bund den Segen überbringt

Halbfigurenportrait der zweiten Gemahlin Maximilians Maria Anna von Österreich, um 1635/1636. Das Tafelbild, das aus Maximilians Kammergalerie stammt, wird Johann de Pey zugeschrieben.

SPÄTES GLÜCK: KURFÜRSTIN MARIA ANNA VON ÖSTERREICH

* 1610 (Graz),
† 1665 (München)

So tief die Trauer Maximilians um den Tod seiner Gemahlin Elisabeth von Lothringen im Januar 1635 war, so veranlaßte den 62-jährigen Witwer doch sein Pflichtgefühl gegenüber Land und Dynastie, sich möglichst rasch erneut zu verheiraten, um vielleicht doch noch den ersehnten Erben zu zeugen. Die Wahl fiel auf eine sehr nahe Verwandte, die 25-jährige Erzherzogin Maria Anna von Österreich. Ihrer beider Urgroßvater war Kaiser Ferdinand I., der Großvater der Braut hatte Maria Anna von Bayern I. geheiratet, eine Schwester Wilhelms V. und Tante Maximilians. Der hieraus entsprossene Kaiser Ferdinand II. wiederum hatte Maria Anna von Bayern II. geehelicht, eine Schwester Maximilians I., und die Tochter aus dieser Verbindung wurde nun die zweite Gattin des Kurfürsten. Auch diese Hochzeit wurde am Heimatort der Braut gehalten, in Wien, und zwar bereits am 13. Juli 1635. Die Wahl sollte aller Welt demonstrieren, dass mit der – in den letzten Jahren deutliche Risse zeigenden – Allianz zwischen München und Wien weiterhin zu rechnen war. Maximilian hatte mit seiner neuen Gattin wieder Glück. Trotz einem Altersunterschied von 37 Jahren gestaltete sich die 16 Jahre dauernde Ehe harmonisch. Maria Anna war schön, gebildet und fromm. Neben diesen konventionellen Tugenden wurde sie laut Philipp Hainhofer sehr gelobt »wegen hochen verstands zur Meierei und das sie so trefflich schüessen khünde.« Mit der Meierei meinte Hainhofer vornehmlich die Bewirtschaftung der Schwaige Schleißheim, die ihr von Maximilian geschenkt wurde. Als sie nach dem Tod des Kurfürsten die Regentschaft führte, erwies sie sich als eine resolute Autorität, die den strengen Stil des Hofes aufrechthielt und einen habsburgfreundlichen Kurs der Politik förderte. Vor allem aber schenkte sie schon bald ihrem Mann den erhofften Erben, den Kurprinzen Ferdinand Maria, der am 31. Oktober 1636 geboren wurde. 1638 folgte noch ein zweiter Sohn, Maximilian Philipp, womit die Nachfolge als gesichert gelten konnte.

»Zweier Erben Geburt tröstet den Greis und hat ihn zum Vater gemacht. Schon vertreibt Dir die Sorgen und krönt das Alter gleich einer jugendfrischen zarten Rose Ferdinand.«

Jacob Balde, Ode auf Maximilian I., 1641, Vers 173–176

»Die älteste Tochter [des Kaisers]... ist von großer Schönheit und führt einen sehr geordneten Lebenswandel. Ich habe bei ihr...ausgezeichnete Urteilskraft, Lebensart, Klugheit und eine beinahe spanische Gravität bemerkt, welcher Nation sie auch mit ihren Augen und ihren Haaren, die tiefschwarz sind, ähnelt, nimmt man noch die Kleidung dazu, die gleichfalls geradezu spanisch ist, so scheint sie an Deutschem nur die Sprache zu haben.«

Der päpstliche Nuntius Carlo Caraffa über Maria Anna von Österreich

»Dann es bewendt sein [des Fürsten] Standt nit allain in deme [indem] allain, ut praesit [daß er oben steht], sondern vernemblich auch, ut prosit [daß er nützt], ingestalten die eiferige arbeitssame Potentaten und Fürsten den Prennenden Kerzen recht verglichen werden, welche sagen khündten [könnten]: alijs lucendo consumor [indem ich anderen leuchte, verzehre ich mich].«

Maximilian I./Dr. Johann Mändl, Testament von 1651

Ganzfigurenportrait Maximilians I. mit Kurprinz Ferdinand Maria, nach 1646. Das wohl von Nikolaus Prugger geschaffene Bildnis zeigt den Kurfürsten im Halbharnisch mit hohen Stiefeln. In der Linken hält er den Kommandostab, die Rechte legt er schirmend über die Schulter seines Sohnes. Auf dem Tisch liegen der Kurhut und der Reichsapfel des Erztruchsessenamts, das mit der 5. Kur verbunden war.

»Der herzog von Bayern helt oft kriegsrat; etliche mainen, es sei zur defension der liga, andere, das er ainmal möchte kaiser werden. Abgesehen, wenn er ernsthaft sachen tractirt, so sihet er gar ernsthaft auß, sonst ist er freundlich und ain kluger regent, in der papisten religion auch gar eiferig.«

Der Augsburger Kunstagent Philipp Hainhofer, ein Protestant, in seinem Bericht über seine Reise an den Münchner Hof im Herbst 1612

»...der Herzog hat wenig von der deutschen Offenheit, er ist ein höchst verschlossener und sehr auf seine eigene Ehre wie auf die des Staates bedachter Fürst. Aber, wie ich schon wiederholt gesagt habe, sein Eifer für die katholische Religion ist ein ganz einzigartiger.«

Balthasar de Zuñiga, spanischer Gesandter am Kaiserhof,
an König Philipp III., 14. Dezember 1609

»Mit fester Hand führt er [Maximilian I.] die Verhandlungen, voller Zuvorkommenheit in der Form, beharrt er unerschütterlich auf seinen einmal gestellten Forderungen und hat so die oberösterreichischen Stände zu voller Nachgiebigkeit gezwungen. Mit Eifer sorgt er für die Aufrechterhaltung der Disziplin im Heere, läßt vorsorgliche Sparsamkeit in der Verproviantierung desselben walten, macht treffliche Anstalten zur Ordnung des oberösterreichischen Verwaltungs- und Justizwesens, kurz, man findet in ihm einen Mann, der für das große Unternehmen, das er übernommen hat, wie geschaffen ist und dasselbe ehrenvoll zu Ende führen wird.«

Johann Zeidler, sächsischer Gesandter in Wien, an den pfälzischen Geheimrat Dietrich von Schönberg, Linz 2. September 1620 (nach Gindely, Geschichte, Bd. III, 249f., dort in indirekter Rede)

»Es ist eine Hauptsache, diesem Fürsten [Maximilian I.] mit Mißtrauen zu begegnen, zeugen doch alle seine Aktionen bis zu dieser Stunde von Durchtriebenheit und Verstellung. Aber indem er nichts so sehr liebt wie sein Eigeninteresse und indem wir es in vielen Angelegenheiten mit ihm zu tun bekommen, die wir auch für die unseren halten, kann es gut sein, daß wir uns in derartigen Dingen auf das verlassen können, was er verspricht, nicht wegen der Moral seines Versprechens, sondern weil es für ihn von Vorteil ist, es zu halten.«

Kardinal Jules Mazarin, französischer Premierminister, an Henri d'Orléans, Duc de Longueville, französischer Gesandter beim Westfälischen Friedenskongreß, 12. August 1645 (nach Albrecht, Maximilian I., 997, Anm. 48)

»Ihre D[urchlaucht: Maximilian I.] speisen sonsten ihre hofgesindlin, die rät und guardien nit bei hof, sondern geben ihnen für den victum [Lebensmittel] jährlich das costgeld und ein genanntes, von welchem sich jeder verkosten muß... Es ist, sovil die zehrung anlangt,

alles auf der italienischen gaistlichen und weltlichen fürstenart gerichtet, alda man auch nit vil tafelen in der ritterstuben und in der dürniz gedeckt und die kunst und mahlerei und drehewerk [Drechslerei], wie dann ihre D gar schöne sachen drehen. Überflüssiges essen und trincken, spihlen, zu villem jagen, ritterspihlen und anderen kurzweilen und vaniteten [Eitelkeiten] fragen ihre D [Durchlaucht] nit nach... [sein sonderlich der trunckenhait spürner feind, und darf ihre D item ain diener oder rat nur 2 mal truncken fürkommen, so hat ers gar und ist alle Gnad aus]... halten ein gutes regiment, überlesen die supplicationes [Bittschriften] und andere schriften zum underschreiben selbsten, corrigirens selbsten, decretiren oft selbsten, und höre ich ihrer D hohen verstandt und iudicium [Urteil] von räthen und anderen sehr rühmen... Sie sein weiß von angesicht, röthlichem bart, ansehnlich person... ernsthaft anzusehen, doch fraindlich im reden, ita ut in ipsius serenissima celsitudine benigna humanitas et serena affibilitas cum maiestali et heroica gravitate coniuncta sit [so wie in seiner durchlauchtigsten Höhe gütige Menschlichkeit und heitere Freundlichkeit sich mit majestätischer und heroischer Gravität vereint finden]. Sie haben auch, wie ich höre, bißweilen ihre intervalla [Pausen] und sein zu ainer zeit lustiger und besser alß zu anderen, erhalten ainen grossen gehorsam ›und respect‹ ...und machen durch ihre gottesforcht, nüchterkeit, christlich leben und gut exempel auch ihre officier und rät fromm auch fleißig.«

Philipp Hainhofer über seinen Aufenthalt in der Münchner Residenz im Mai 1611

»An disem hof [München] ist treffliche, gute ordnung in allen sachen, schleunige Bezahlung, ain nüechters, stilles und fridliches leben; der regierunde herr macht sich von all seinen räthen und officiren fürchten und lieben, gibt gut filz [Verweis] auß, belohnets auch reichlich, machts hurtig und fleißig, besitzt selbst die rät fleißig, ist frue und spät an der arbeit...«

Philipp Hainhofer über seinen Aufenthalt am Münchner Hof im Herbst 1612

3 Pietas Maximilianea

Der zehnjährige Maximilian im Gebet, 1583. Am Pult ist das herzogliche Wappen abgebildet, darunter liegen Herzogshut und Szepter. Die Darstellung ist auf einen rechts gegenüberstehenden Stich bezogen, der einen Altar mit Kruzifix zeigt. Die Blätter waren einer vom päpstlichen Nuntius Felician Ninguarda herausgegebenen Veröffentlichung des Gebetbuches Kaiser Karls des Kahlen beigegeben. Der Nuntius hatte das aus dem 9. Jahrhundert stammende Original Wilhelm V. geschenkt, die Druckausgabe widmete er dem Erbprinzen.

»In manicipium tuum me tibi dedico consacroque Virgo Maria hoc teste cruore atque cyrographo, Maximilianus peccatorum corypheus.« »Dir übergebe ich mich als Leibeigener, Dir weihe und opfere ich mich, Jungfrau Maria, wie ich es mit meiner in Blut geschriebenen Unterschrift bezeuge, ich, Maximilian, der Herausragendste unter den Sündern.«

Blutweihebrief Maximilians im Altar der Gnadenkapelle von Altötting

»Stundenlang verharrte er auf den Knien mit solcher Beständigkeit, daß sie nicht nur, wie man von heiligen Männern liest, schwielig, sondern geradezu knöchern wirkten. Ohne jedes Kissen pflegte er in dieser Haltung noch auszudauern, als ihn in höchstem Alter die Füße im Stich ließen, wie wenn zur Verherrlichung Gottes die Kräfte von den Füßen in die Knie geströmt wären. Es war ihm tägliche Gewohnheit, zwei Messen beständig kniend beizuwohnen; häufig fügte er eine dritte hinzu. Niemals, wenn ihn nicht eine Krankheit verhinderte, fehlte er bei den festen Gebetszeiten, feierlichen Liturgien, Vespern und sonstigen Kirchengebeten, wenn sie in der Hofkapelle stattfanden, und er wollte, daß auch der Adel am Hof gehörigerweise anwesend sei... Selbst in schwierigen Zeiten, gleich unter welchem Andrang der Dinge und Geschäfte, widmete er vor allem anderen zumindest eine gute Stunde dem Morgengebet in Abgeschiedenheit, wobei er niemanden in seinem Zimmer duldete, wenn es nicht unbedingt nötig war. Einige Zeit später folgten die bereits genannten Messen. Nachmittags verrichtete er wiederum das Vespergebet, bestehend aus dem üblichen Pensum des Rosenkranzes und weiteren Gebeten... Niemals legte er sich zur Nachtruhe, ohne sein Gewissen durch genaues Prüfen seiner Tagesverrichtungen zu erforschen und sich und die Seinen in einstündigem Gebet anzuempfehlen. Dieser Ablauf war ihm derart zur Natur geworden, daß er ihn nicht einmal auf Reisen je unterbrach, oder wenn er sich einen Tag der Jagd oder ähnlicher Erholung gönnte. Dann diente ihm eben die Kutsche oder ein anderer Ort als Hauskapelle, und wenn ihm etwas von der Zeit des Tages für das Gebet fehlte, zog er sie am nächtlichen Schlaf ab, was nicht selten sein Gefolge aufs höchste ermattete, da es solcher Ausdauer und Nachtwache nicht zuneigte. Damit selbst die Nächte nicht ohne himmlische Zwiesprache blieben, unterbrach er sie durch Gebet. Dazu verwandte er eigene geistliche Übungen sowie den Rosenkranz, den er griffbereit unter dem Kissen hatte und mit behutsamem Geschick handhabte, um den Schlaf seiner geliebten Gattin nicht zu stören; allerdings gelang es ihm nicht, sie damit zu überlisten: sie beobachtete ihn oft beim Beten und schloß sich ihm an.«

Schirmherrin und Schlachtenhelferin:
Sancta Maria Patrona Boiariae

Der traditionelle Marienkult der Katholischen Kirche fand in der Zeit der Gegenreformation eine enorme Steigerung, worin eine demonstrative Verteidigung der Heiligen- und besonders der Marienverehrung gegen die Angriffe der Protestanten zu sehen ist. Für niemanden gilt das mehr als für Maximilian I., der sich in einem mit eigenem Blut geschriebenen Brief der Altöttinger Muttergottes weihte, seine Herrschaft mit einer Wallfahrt nach Altötting begann und sich seine tödliche Erkältung auf einer Wallfahrt nach Breitbrunn bei Ingolstadt holte, der spätestens ab 1610 sein Land unter den Schutz der Patrona Boiariae stellte (was erst 1916 vom Vatikan abgesegnet wurde), der auf den Feldzeichen seiner Armee die Madonna abbilden ließ, der, namentlich in der frisch rekatholisierten Oberpfalz, zahllose Marienpatrozinien initiiert hat und seinen Untertanen den Besitz und Gebrauch des Rosenkranzes vorschrieb. Er wirkte damit beispielgebend in der katholischen Welt. Krumpers Statue der Schutzpatronin an der Münchner Residenz fand Nachahmung in den allgegenwärtigen Hausmadonnen, die Mariensäule inspirierte vor allem in den habsburgischen Ländern vielfache Wiederholungen. Auch die Idee, seinem erstgeborenen Sohn den Zweitnamen »Maria« zu geben, war ungewöhnlich und wurde gleichfalls nicht selten imitiert.

Der Marien- und Heiligenkult, die Prozessionen und Wallfahrten wiesen ins Mittelalter zurück und leisteten gleichzeitig der Konfessionalisierung des werdenden modernen Staates Vorschub. Gewiß trug vieles erst Jahrzehnte später, im bayerischen Hochbarock, volle Frucht, aber es wäre ohne den identitätsstiftenden Staatskatholizismus Maximilians diese sehr spezifische Entwicklung nicht in Gang gekommen.

Es war aber weniger die sanfte Gottesmutter und Trösterin, die Maximilian vorschwebte, als vielmehr die Maria Immaculata, die unbefleckt Empfangene, die man mit dem

Apokalyptischen Weib der Geheimen Offenbarung gleichsetzte. Sie steht auf dem Sichelmond oder auf der Weltkugel und trägt königliche Insignien. Sie wird begleitet von den himmlischen Heerscharen und zertritt dem Teufel in Gestalt einer Schlange den Kopf. Eine siegende und herrschende Maria, eine Vorkämpferin der *ecclesia militans* und Himmelskönigin der *ecclesia triumphans,* eine *Sancta Maria de Victoria.* Auch die gepanzerten Barockengel auf dem Sockel der Mariensäule in München sind so zu interpretieren, indem sie den Löwen des Heidentums, den Drachen der Ketzerei, die Schlange des Hebräertums und den Basilisken des Schismas niederringen. Die von Hubert Gerhards Madonna gekrönte Säule war eine persönliche Votivgabe Maximilians für die Errettung Bayerns aus der Schwedennot, die der Kurfürst auf dem Schrannenplatz (erst ab 1854 »Marienplatz«), dem zentralen Hauptmarkt der Stadt, errichten ließ, ohne die Kommune zu fragen. Nicht zuletzt demonstrierte er damit den neuen landesherrlichen Zugriff auf die Innenstadt – verwaltungspolitisches Nebenprodukt einer frommen Tat. Die Mariensäule wurde 1638 am ersten Sonntag nach Allerheiligen geweiht, einem Tag, an dem alljährlich eine Dankprozession für den Sieg auf dem Weißen Berg stattfand (s. S. 141f.). Das riesige Altarbild mit der Himmelfahrt und Krönung Marias, das Peter Candid 1620 für die Frauenkirche schuf, wurde unmittelbar nach dieser Schlacht der »Schirmherrin, Helferin und Siegerin« gewidmet – »*Tutela, Adiutrix, Victrix*«.

Triumph des Apokalyptischen Weibes, Kupferstich Philipp Sadelers nach Entwurf von Thomas Hoffmann, München, wohl 1629/1630. Im Mittelpunkt steht Maria als Apokalyptisches Weib (Geh. Offbg. 12,1), von Sonnenstrahlen umkleidet und mit Sternen gekrönt. Sie rammt die Lanze in das Maul des Drachens. Auf dem Blatt der Klinge ist die Devise des Erzengels Michael zu lesen: «Quis ut Deus?«. Dem korrespondiert die Aufschrift auf der Zunge des Ungeheuers: »Non est Deus«. Auf dem Hals des Drachens steht geschrieben »Atheismus«. Die jeweils drei Köpfe beiderseits des zentralen Drachen tragen menschliche Züge und werden durch Beschriftungen als die gefährlichsten Gegner der

christlich-katholischen Religion identifiziert. Links mit Turban und Säbel der »Mahometismus« (Islam), dann der heimtückische »Machiavellismus« mit einem in einer fast undurchsichtigen Kugel steckenden verschwommenen Gesicht, darauf der vom Kreuz auf den Kopf geschlagene »Judaismus«. Rechts neben dem Drachen der Gottlosigkeit geht es weiter mit dem lorbeerbekränzten Haupt des antiken Heidentums (»Gentilismus«), dann die »Haeresis« (Ketzerei) als bebrilller protestantischer Theologe mit gespaltener Zunge, schließlich eine Fratze mit Schlangenhaar, die »Impietas« (Gotteslästerung). Jedem der sieben Köpfe ist eine Kette um den Hals gelegt, an der sie in die Flammen der Hölle hinabgezerrt werden. Als Siegerin über die verderblichen Verirrungen des menschlichen Geistes sehen wir die Heilige Jungfrau als Verkörperung der göttlichen Wahrheit, der ein Putto einen Lorbeerkranz mit der Aufschrift »Sapientia« über das Haupt hält. Links und rechts von Maria schwärmen die himmlischen Heerscharen in Gestalt bewaffneter Engel und Putten aus und stoßen und schlagen weitere infernalische Ungeheuer nieder, der Engelskampf der Apokalypse (Geh.Offbg. 12,7). Auf den Wolken thront die Hl. Dreifaltigkeit mit der Weltkugel. Der Stich ist zweifellos auf dem Höhepunkt der Siege der Katholischen Liga entstanden.

Der Erzengel Michael bietet Bayern dem Segen Mariens und des Jesuskindes dar. Kupferstich Raphael Sadelers d. Ä. nach Entwurf Matthias Kagers. Das Blatt ist der einleitende Stich zu dem Werk »Bavaria Sancta« des Jesuiten Matthaeus Rader, erschienen in München 1615. Raders Buch, dem 1624 und 1627 noch zwei weitere Bände folgten, gehörte zu Maximilians I. systematischer Erfassung der bayerischen Vergangenheit, in diesem Fall der Heiligengeschichte, die schon durch das Motto über dem Stich enge Verbindung zwischen dem Herrscherhaus und dem »Heiligen Bayern« herstellt: »Die Religion der Fürsten ist der Schutz der Königreiche«. Insgesamt erfaßte der durchaus quellenkritisch vorgehende Matthaeus Rader 171 mit Bayern verbundene Heiligenleben. Die von Raphael Sadeler Vater und Sohn gestochenen Illustrationen wurden teils von Matthias Kager, teils von Peter Candid entworfen. Der abgebildete Kupferstich zeigt den gepanzerten Erzengel Michael, seit 1597 Landespatron Bayerns, in Begleitung der vier gleichfalls gepanzerten Schutzengel der Rentämter. Auf den Brustplatten sind die entsprechenden Wappen eingraviert: links Burghausen, dann Straubing, darauf der Erzengel mit dem herzoglichen Wappen und dem Goldenen Vließ und schließlich die Rentämter München und Landshut. Die Engel halten gemeinsam eine Landkarte des Herzogtums, die sie der auf Wolken thronenden Muttergottes als Schirmherrin des Landes präsentieren. Links unten ist die Silhouette Münchens zu sehen. Im selben Jahr 1615 schuf Hans Krumper für die Residenzfassade seine »Patrona Boiariae«.

Die Mariensäule auf dem Münchner Schrannenplatz (heute Marienplatz), Blick von Osten. Der von Marx Anton Hamas nach Jacob Custos angefertigte Holzschnitt zeigt die 1638 (nicht 1630 wie auf der Beschriftung vermerkt) errichtete Säule bereits mit der 1641 entstandenen Balustrade. Rechts aufgestapelte Getreidesäcke verweisen auf die namengebende Funktion des Platzes. Im Hintergrund die Türme der Frauenkirche, links der 1807 abgebrochene »Schöne Turm« über der Kaufinger Straße.

»Rem, Regem, Regimen, Regionem, Religionem conserva Bavaris Virgo Maria tuis« »Die Sache [den Besitz], den König [Herrscher], die Regierung, das Land, die Religion bewahre, Jungfrau Maria, Deinen Bayern«

P. Jakob Balde S.J., (?), Gebet Maximilians I. anläßlich der Einweihung der Münchner Mariensäule, 7. November 1638, nach 1781 in Paraphrase auf dem Postament der Säule als Inschrift angebracht

EIN FANATISCHER HEXENJÄGER?

Die Regierungszeiten Wilhelms V. und Maximilians I. fallen mit dem Höhepunkt der Hexenjagden im süddeutschen Raum zusammen, der zwischen 1562 und 1630 anzusetzen ist und im Herzogtum Bayern sich weitgehend auf die Jahre 1589–1591, 1609–1612 und 1621–1631 konzentriert. In der oftmals, aber durchaus nicht immer gerechtfertigten Annahme, großer gegenreformatorischer Eifer und Hexenverfolgung seien miteinander einhergegangen, hat man Maximilian gerne unter die fanatischsten Hexenjäger gerechnet, unter dessen Herrschaft fortwährend die Scheiterhaufen gequalmt hätten. Wie vor allem die Forschungen von Wolfgang Behringer gezeigt haben, sind hier aber sehr erhebliche Abstriche anzubringen. Maximilian war– wie fast alle seiner Zeitgenossen, gleich welcher Konfession – davon überzeugt, daß es Hexen, die man in Bayern meist nicht als Hexen, sondern als Unholde bezeichnete, tatsächlich gab, daß sie gefährlich waren und ausgerottet werden müßten. Gewiß hat er eine Hexengesetzgebung veranlaßt, die von einem in ganz Europa einzigartigen Perfektionismus war, und gewiß sind in Bayern unter seiner Regierung zahlreiche angebliche Hexen vor Gericht gestellt, gefoltert und nicht wenige von ihnen auch hingerichtet worden. Doch nie kam es zu flächendeckenden systematischen Verfolgungen wie in Würzburg, Bamberg, Eichstätt, Augsburg (Hochstift, nicht Reichsstadt) oder Ellwangen, so daß sich die Zahl der Opfer im Vergleich zum fränkischen und schwäbischen Raum in Grenzen hielt. Da der Hofrat alle Hexenprozesse grundsätzlich an sich zog und beaufsichtigte, besitzen wir eine annähernd lückenlose Dokumentation. Demnach wurden in Bayern in Maximilians Regierungszeit weniger als 200 Hexen hingerichtet, wobei die meisten Opfer auf lokal begrenzte Ausnahmefälle zurückzuführen waren. So fanden über ein Viertel der Hinrichtungen allein in der entlegenen Exklave Wemding statt. Wenn man bedenkt, daß in der kleinen Fürstpropstei Ellwangen in den wenigen Jahren von 1611 bis 1613 wenigstens 400 Hexen verbrannt wurden, daß sich die Zahl der Hinrichtungen im Fränkischen Kreis 1600–1630 auf mindestens 3.500 belief, in Südwestdeutschland auf 3.000, dann wird deutlich, daß Bayern zu den relativ wenig tangierten Gebieten gehört hat.

Erziehung und Hintergrund hätten Maximilian eigentlich zum großen Hexenjäger prädestiniert. In seiner Jugend fand die erste große Hexenverfolgungswelle in Südostdeutschland statt, die 1589–1591 die meisten Territorien erfaßte, katholische wie evangelische. Sein Vater forderte damals von der Universität Ingolstadt ein Gutachten, das ihn in der Entschlossenheit, das Hexenwesen konsequent zu bekämpfen, bestärkte. In Schongau kam es in diesem kurzen Zeitraum zu 63 Verbrennungen, in Ingolstadt zu 22, insgesamt dürften es im ganzen Herzogtum etwa 120 gewesen sein. Während seiner Studienzeit in Ingolstadt hatte Maximilian Gelegenheit, der Vernehmung und Folterung von Hexen beizuwohnen, worüber er seinem Vater ziemlich ungerührt Bericht erstattete. Seine dortigen Lehrer waren unbedingte Befürworter eines scharfen Vorgehens gegen Hexen, ebenso seine ersten Beichtväter, vor allem Adam Contzen. Gerade die fränkischen und schwäbischen Fürstbischöfe, die mit vorbildlicher Energie die kirchliche Reform betrieben und mit denen Maximilian in der Liga eng zusammenarbeitete, gehörten zu den eifrigsten Hexenjägern, was Maximilian geradezu unter Rechtfertigungsdruck setzte.

Nach 1591 war in Bayern die Verfolgung fast völlig abgeflaut, was vor allem daran lag, daß die adeligen Landrichter und die städtischen Behörden wenig Neigung besaßen, sich mit dieser komplizierten, arbeitsaufwendigen und kostspieligen Materie herumzuschlagen. 1600 fand aber in München das aufsehenerregende Verfahren gegen die der Hexerei bezichtigte Landstreicherfamilie Pappenheimer statt, das mit zwölf Hinrichtungen endete. Der von dem Hofrat Dr. Johann Sigmund Wagnereck, dem eifrigsten Verfolger unter Maximilians Räten, mit äußerster Härte geführte Prozeß hatte Hunderte von erfolterten Denunziationen im Gefolge, die die Möglichkeit geboten hätten, die von Wagnereck und seinen Gesinnungsgenossen geforderte systematische Jagd in ganz Bayern einzuleiten. Maximilian zeigte statt dessen auf Grund der Befunde des Hofrats Heinrich von Haslang »befremden« über die zahlreichen Verfahrensfehler und initiierte einen großen, schließlich internationale Dimensionen annehmenden wissenschaftlichen Disput über das Hexenproblem. Das Gutachten aus Ingolstadt fiel nicht mehr einseitig zugunsten der Verfolgungsbefürworter aus, das der Jesuitenuniversität Dillingen sogar unmißverständlich negativ. Aus dem Ausland eintreffende Stellungnahmen waren widersprüchlich. Nachdenklich mußte das Gutachten der Universität im päpstlichen Bologna stimmen, das die Hexenverfolgung generell ablehnte und darauf verwies, in ganz Italien fänden keine solchen Verfahren statt und die römische Inquisition dagegen sei. In der Tat beobachtete man in Rom das Treiben der fränkischen Hexenbischöfe mit großem Mißfallen. Im Hofrat bildeten sich zwei in vieljährigem erbittertem Streit liegende Parteien. Angeführt von Wagnereck, der 1606 zum Hofratskanzler aufstieg, dem auf der Gelehrtenbank Dr. Cosmas Vagh kräftig assistierte und der sich auf die Unterstützung wichtiger jesuitischer Ratgeber wie Contzen und Hofprediger Jeremias Drexel verlassen konnte, versuchte man wieder und wieder den Herzog für eine Verfolgung großen Stils zu gewinnen. Ihnen stand eine imponierende Phalanx der höchsten Staatsbeamten gegenüber, die alle dem Adel und dem städtischen Patriziat entstammten, Oberstkanzler Joachim Donnersberg, Landschaftskanzler Herwarth von Hohenburg, Obersthofmeister Wolf Conrad Graf Rechberg von Rothenlöwen, die von ihren »gelehrten« Gegnern nicht nur als »politische« Scheinchristen und Machiavellisten denunziert wurden, sondern auch als Ignoranten und Faulpelze. Weil auch hohe soziale Stellung keine Sicherheit gegen Verfolgung bot, gingen diese Männer damit ein tödliches Risiko ein. Von größter Bedeutung war der nach 1600 erfolgende Umschwung an der Universität Ingolstadt, die zu einem wahren Bollwerk in der Bekämpfung der Exzesse der Hexenverfolgung wurde und hier eine wegweisende Rolle für ganz Deutschland übernahm. Wichtigster Wortführer war der aus Tirol stammende, ab 1602 in Ingolstadt wirkende große Dogmatiker Adam Tanner S.J.

Da niemand die Tatsache der Hexengefahr in Zweifel zog, drehte sich die Diskussion um das prozessuale Vorgehen, das entscheidend war für die Herbeiführung und den Ausgang der

Verfahren. Während die Verfolgungsbefürworter die Folter exzessiv angewandt sehen und auf diese Weise erzwungene Denunziationen weiterer »Hexen« nutzen wollten, verwarfen ihre Gegner diese Methoden, da sie zur Aburteilung zahlreicher Unschuldiger führen würden. Ein weiterer Streitpunkt war die Frage, ob traditionell abergläubische und volksmagische Praktiken den Hexereivorwurf rechtfertigen konnten, was die Gegner verneinten. Die endlosen Diskussionen ließen den Ruf nach einer klaren Gesetzgebung erheben. Diese erfolgte mit dem Aberglauben- und Hexenmandat von 1611, das aber erst 1612 von Maximilian unterzeichnet wurde. Es war von der radikalen Partei ausgearbeitet worden, wenn auch mit einigen Zugeständnissen an die Gemäßigten (keine Folter nur auf Grund von Denunziation, keine Berücksichtigung abergläubischer Bräuche). Es wurde nur in ganz geringer Zahl an die Landgerichte verschickt, blieb weitgehend Verschlußsache und hat daher tatsächlich so gut wie keine Wirksamkeit entfaltet.

Diese Vorgehensweise war typisch für Maximilian I. Offensichtlich stand er schwankend zwischen den Fronten und konnte sich zu keiner klaren Parteinahme entschließen. Formal schlug er sich meist mehr auf die Seite der Verfolgungsbefürworter, doch in der Praxis verhinderte er alle Versuche einer Hexenjagd großen Stils, eine Haltung, die seiner üblichen Vorsicht, vor allem aber seiner skrupulösen Rationalität zu verdanken war. Ansätze zur Ausweitung von Einzelfällen flackerten 1609–1612 in Donauwörth und in Wemding wieder auf, endeten aber schließlich mit einer drastischen Maßnahme des Herzogs, der den als Hexenjäger auftretenden Pflegsverwalter Gottfried Sattler allen Interventionen zum Trotz wegen Amtsmißbrauchs hinrichten ließ. Trotzdem kam es 1629–1631 noch einmal in Wemding zu einer Verfolgung, die 39 Opfer forderte. Auf dem in so vieler Hinsicht folgenschweren Kurfürstentag von Regensburg 1630 sorgten schließlich kaiserliche und päpstliche Interventionen dafür, daß überall, auch in ihren fränkischen Zentren, der exzessiven Hexenjagd ein Ende bereitet wurde. Einzelfälle kamen in katholischen wie in evangelischen Territorien noch bis weit ins 18. Jahrhundert hinein vor, aber die Zeit der großen

Hexenbrände war vorbei. Die Prozesse, die in den späteren Regierungsjahren Maximilians in Bayern noch stattfanden, endeten auf Grund der Gutachten der Universität Ingolstadt fast alle mit Freisprüchen oder milden Strafen.

»Bayerns ›eiserner Kurfürst‹, Anführer der Katholischen Liga und einer der entschlossensten und kraftvollsten Figuren unter den deutschen Fürsten des frühen 17. Jahrhunderts, entpuppte sich in der Hexenfrage trotz allem verbalen Radikalismus als ›Papiertiger‹«.

Wolfgang Behringer, Hexenverfolgung in Bayern (1988), 247

»Scriptor [der Schreiber, d. h. Jocher] und die rat [Räte] schmecken nach keiner kezerei... sein so catholisch und gewissenhaft als respondent [Beantworter, d. h. Contzen], aber keine solche theopolitici... und wan inen ein blutstropfen weniger catholisch wär, so müsse er heraus; haben sich umb die cath. religion villeicht so verdient gemacht und gearbeitet in suo genere als ein ander... haben Machiavellum et Machiavellistarum libros seu Thuanum [Bücher der Machiavellisten oder des französischen kompromißkatholischen Staatsmann Jacques Thou] teils nie gelesen. Weil aber der respondent [Contzen] in solchen buchern wol erfaren und belesen, mechte er etwan einen geschmak... daraus bekomen haben.«

Wilhelm Jocher, »Geheimber rät defension wider Patris Conzen antwort, so er auf 3 curf. fragen geben«, 1625

»Bei des P. Giacinthi [der enthusiastische Kapuzinerpater Hyazinth von Casale] schreiben wirt observiert, daß er nur ad continuationem belli [zur Fortsetzung des Krieges] stark get, aber bis auf die stunt de mediis humanis [über die menschlichen Mittel], so neben den miraculis [Wunder] erfordert werden, durchaus nit fragt oder sorgt, sonder vermaint, es seien solche vorhanden, unangesehen man ime die umbstend der unmiglichkeit so oft entdeckt... Giacinth requirirt magnam fidem, patientiam, sed nos et milites magnam, summam pecuniam [Hyazinth verlangt großen Glauben, Geduld, aber wir auch Soldaten und viel, sehr viel Geld].«

Maximilian I. im Kommentar zu einem Gutachten Jochers, 1621

EIN BEICHTVATER DER KOMPROMISSLOSEN RICHTUNG: Adam Contzen (oder Conzen) S.J.

* 1571 Monschau (Jülich), † 1635 (München)

Beichtväter übten in katholischen Herrscherhäusern zur Zeit der Gegenreformation eine bedeutende Rolle aus, wobei es sich meist um Jesuiten, manchmal auch um Kapuziner handelte. Sie widmeten sich nicht nur der Gewissenserforschung, der moralischen Kritik und der religiösen Erbauung, sondern übten direkt oder indirekt politischen Einfluß aus, wenn es auch von der römischen Ordensleitung untersagt war, als offizielle Berater zu fungieren, Ämter zu übernehmen oder sich auf politische Kontroversen einzulassen. Ansonsten hatten sie im Rahmen der Kirchenlehre freie Hand, was dazu führte, daß die Beichtväter recht unterschiedliche Positionen einnehmen konnten.

Der erste Beichtvater Maximilians und zugleich einer seiner wichtigsten Lehrer war der 1575–1597 in Ingolstadt wirkende spanische Dogmatiker Gregor von Valencia S.J. 1594 trat als Beichtvater an seiner Stelle der aus Luxemburg stammende Johann Buslidius, der diese Funktion auch für Maximilians erste Gemahlin wahrnahm. Er starb 1623.

Der aus der Gegend von Aachen kommende Adam Contzen blieb Maximilians Beichtvater bis zu seinem Tod (1635). Nach seiner Ausbildung am Kölner Jesuitenkolleg und an der Universität Mainz lehrte er in Köln, Würzburg, Mainz und Molsheim (Elsaß). Contzen war ein berühmter Kontroverstheologe, dessen Attacken hauptsächlich den Calvinisten galten. Diese und andere reformierte Abspaltungen bestätigten ihn in seiner Ansicht, daß der Protestantismus den Keim von Sektierertum und Zwist in sich trage und nur eine Wiedervereinigung im Schoß der im Geiste des tridentischen Reformkatholizismus geläuterten Papstkirche, welche die von Luther und anderen Reformatoren zu Recht kritisierten Mißstände überwunden hat, zu Eintracht und Frieden zurückführen könne.

In analoger Weise verfocht er auch im Staatsleben einen konsequent monarchischen Standpunkt. Er sprach den Ständen eine mehr als beratende Funktion ab und verfocht damit einen absolutistischen Standpunkt. Das von manchen spanischen Jesuiten akzeptierte Widerstandsrecht lehnte er ab. Der Fürst werde in seiner Machtfülle nur durch sein Gewissen eingeschränkt, das es freilich zu schärfen galt. Contzen verwarf Machiavellis Anschauung, effektive Staatslenkung sei mit christlichen Grundsätzen nicht vereinbar. Nicht in Weltabgewandtheit könne der christliche Fürst seine Pflicht erfüllen, sondern er habe in stetem Abwägen zwischen Staatsraison und den von der Kirche gesetzten moralischen Normen verantwortungsbewußt zu handeln. Er betonte die unbedingte Notwendigkeit militärischer Stärke und ihrer Grundlage, der finanziellen Leistungskraft des Staates.

Contzen war ein »*Theopoliticus*« und veröffentlichte zahlreiche Schriften, in denen er die Grundzüge einer katholischen Politiktheorie darlegte. Unter ihnen ragen hervor die »*Politicorum Libri Decem*« (1620), der politische Roman »*Methodus Doctrinae Civilis*« (1628) und der Fürsten- und Hofleutespiegel »*Aulae Speculum*« (1630). Die in seinen Schriften verkündeten Thesen zeigen auffallende Ähnlichkeiten mit den Prinzipien Maximilians I. Der machte in der von Contzen empfohlenen Weise schon Politik, bevor der Pater seine Bücher veröffentlicht hatte und Beichtvater des Kurfürsten geworden war. Maximilians Handeln scheint mehr die Theorien des Jesuiten beeinflußt zu haben, als daß dieser einen bestimmenden Einfluß auf die Regierungsweise Maximilians ausgeübt hätte. Man kann hier von einer kongenialen Ausrichtung sprechen, die Maximilian veranlaßte, Contzen an seinen Hof zu rufen und zu seinem Gewissensführer zu machen. Der Beichtvater vertrat einen rigorosen konfessionspolitischen Kurs und lehnte Kompromisse mit Häretikern ab. Das brachte ihn immer wieder in Konflikt mit den pragmatisch ausgerichteten Mitgliedern des Hofrats, so in der Hexenfrage – Contzen befürwortete Hexenjagden –, in der Pfalzpolitik – der Pater lehnte jegliches Zugeständnis ab – und beim Zustandekommen des Restitutionsedikts – es scheint sehr wesentlich Contzens Werk gewesen zu sein. Da Maximilian zwar den Rat seiner Beichtväter suchte und schätzte, aber keineswegs sklavisch befolgte, brachte ihn die harte Haltung Contzens in manches Dilemma, wobei er bis 1630 letztlich doch immer wieder mehr der Richtung des Jesuiten zu folgen neigte, wie das am eklatantesten beim Restitutionsedikt der Fall war. Als der Mißerfolg dieser Politik deutlich wurde, löste sich der Kurfürst zusehends von den radikalen Tendenzen seines Beichtvaters.

Außenpolitisch verfolgte Contzen einen Zusammenschluß der katholischen Mächte einschließlich Frankreichs, dem er, wie Maximilian, größere Sympathie entgegenbrachte als Spanien. Richelieus Kurs, eine antihabsburgische Front unter Einschluß protestantischer Mächte zu organisieren, brachte ihn zur Verzweiflung. Wohl in Absprache mit Maximilian verfaßte er 1625 zwei anonyme Flugschriften, in denen der Kardinal wegen seiner unkatholischen Politik scharf angegriffen wurde. Richelieu reagierte wütend, doch wußte er zum Glück für die bayerisch-französischen Beziehungen nichts über die Herkunft der Pamphlete. Auch für Contzen war das günstig, denn die Autorschaft hätte ihm große Schwierigkeiten mit der römischen Ordensleitung eingebracht, die eine direkte Einmischung in die Staatspolitik strikt untersagte, um nicht die verbreiteten Vorurteile gegen die angeblichen Machenschaften der Jesuiten zu bestätigen.

EIN BEICHTVATER DER GEMÄSSIGTEN RICHTUNG: Johannes Vervaux S.J.

* 1586 (Xivry-le-Franc, Lothringen), † 1661 (München)

Die Wahl Vervaux' zum Nachfolger Contzens spiegelt sehr gut Maximilians Wechsel zu einer gemäßigten, pragmatischen Haltung, wie sie gleichzeitig auch der Ordensgeneral in Rom, Mutio Vitelleschi, mit dem der Kurfürst, wie auch die Beichtväter, in ständigem engen Briefkontakt stand, durchmachte. Vervaux' Rolle als politischer Berater war direkter als die seiner Vorgänger, indem er an Sitzungen des Hofrates teilnahm und auch diplomatische Missionen übertragen erhielt.

Vervaux war bereits Weltpriester, als er 1618 in die Niederrheinische Ordensprovinz der Jesuiten eintrat. Er übernahm in Trier eine Professur für Moraltheologie und die Leitung der Marianischen Kongregation und wurde später zeitweise an die lothringische Ordensprovinz »ausgeliehen«. Dies trug ihm die

Aufmerksamkeit der aus Lothringen stammenden ersten Gemahlin Maximilians, Elisabeth, ein, die sich 1631 Vervaux von der Ordensleitung als neuen Beichtvater erbat. Nachdem 1635 sowohl Elisabeth als auch Contzen gestorben waren, wurde Vervaux der Beichtvater Maximilians bis zum Tod des Kurfürsten. Vervaux war, sehr zum Ärger der intransigenten Partei, zu konfessionellen Kompromissen bereit und zeigte noch deutlichere profranzösische Neigungen als sein Vorgänger. Er spielte eine große Rolle bei der Erziehung des 1637 geborenen Kurprinzen Ferdinand Maria. Die berühmten »*Monita Paterna*« (»Väterliche Ermahnungen«), in denen sich die Regierungsgrundsätze Maximilians zusammengefaßt finden (1639), waren im Wesentlichen das Werk des Beichtvaters. Der Kurfürst betraute Vervaux auch mit der abschließenden Weiterarbeit an der großen bayerischen Geschichte, an der sich schon zahlreiche geistliche und weltliche Schriftsteller versucht hatten. Sie erschien unter dem Titel »*Annales Boicae Gentis*« erst 1662, elf Jahre nach dem Tode Maximilians, ein Jahr nach dem Vervaux's, und dann auch nicht unter dem Namen des Verfassers, sondern dem des Oberstkanzlers Johann Adlzreiter, da verheimlicht werden sollte, daß ein Jesuit das Werk geschrieben hatte. Der Grund war, daß Vervaux, den Intentionen des Auftraggebers entsprechend, den im Kirchenbann gestorbenen Kaiser Ludwig den Bayern gegen alle Vorwürfe in Schutz genommen hatte, was der Ordensleitung nicht geheuer war. Der 3. Teil des monumentalen Werkes ist ganz der Regierungszeit Maximilians I. gewidmet und besitzt hohen Quellenwert.

4 Kunstsammler, Bauherr und Förderer der Geschichtsschreibung

»KAIN GRÖSSER ERGETZLICHKEIT«: MAXIMILIANS KUNSTSAMMLUNG

Mit Maximilians Großvater Albrecht V. waren die bayerischen Wittelsbacher erstmals als Kunstsammler großen Stils in Erscheinung getreten. Während dieser, wie auch Wilhelm V., neben der Förderung von Architektur und bildenden Künsten auch begeisterte Musikliebhaber waren (Orlando die Lasso!), fristete unter Maximilian die Hofmusik nur ein Schattendasein und beschränkte sich weitgehend auf geistliche Musik und die unvermeidliche Tafelmusik. Im Unterschied zu seinen Vorgängern fehlte Maximilian I. der für den manieristischen Zeitgeschmack so typische Hang zu Wunderkammern, gefüllt mit skurrilen Exotika. Die Freude am Kunsthandwerk, die bei ihm sehr ausgeprägt war, konzentrierte sich auf den religiösen Aspekt (kostbar gefaßte Reliquien) und die Qualität. Außerdem besaß er eine geradezu sinnliche, ja magische Freude an Gold, Silber, Elfenbein und Juwelen in vollendeter künstlerischer Gestaltung. Er selbst drechselte eigenhändig in Elfenbein. Wie sein Vater war er ein großer Förderer der bronzenen Großplastik, dazu trat bei ihm die Begeisterung für Wandteppiche, deren aufwendige Herstellung er sogar für einige Jahre nach München zog.

Ein besonderer Zug Maximilians war seine mit großer Sachkenntnis gekoppelte Sammelleidenschaft für Gemälde alter Meister, insbesondere Albrecht Dürers, von dem er schließlich 14 Werke besaß. Überhaupt zog er Gemälde aus der deutschen Renaissance denen zeitgenössischer Meister vor, sammelte allerdings in seinen späteren Jahren auch italienische und niederländische Kunst. Schon in seiner Ingolstädter Studienzeit hatte er seine Privaträume mit erlesenen kleinen Gemälden geschmückt, deren tägliches Betrachten ihm offensichtlich Genuß und Entspannung brachte. Es ging hier ganz und gar nicht um Repräsentation und prätentiöse Selbstdarstellung, sondern um ein persönliches Bedürfnis, denn seine private

Kammergalerie wurde nur sehr wenigen ausgesuchten Kennern zugänglich gemacht. Diese Kammergalerie, deren Bestände uns dank genau geführter Inventare bekannt sind, befand sich zusammen mit Maximilians Privatbibliothek in seinem Wohntrakt im Obergeschoß des südlichen Grottenhoftrakts der Residenz und konnte von seinem Schlafzimmer aus direkt betreten werden. Eine weitere hochkarätige Gemäldesammlung befand sich in den Räumen des (Alten) Schlosses Schleißheim, für das er so herausragende Bilder wie die vier monumentalen Jagdbilder des Peter Paul Rubens oder die Monatsbilder des Joachim von Sandrart eigens fertigen ließ.

»Nach disem haben wir von der mahlerei, von alten und newen maistern geredet, da dann ihre D[urchlaucht, Maximilian I.] die alte den newen maistern in der kunst und verstand fürziehen.«

Philipp Hainhofer über seinen Aufenthalt am Münchner Hof im September 1612

»Maximilian war bei seinen Käufen sein eigener Gutachter, der auf Autopsie und auf Authentizität seiner Kunstwerke bestand. Seine Kennerschaft, namentlich die Unbestechlichkeit seines Urteils in stilkritischen Fragen, verwundert immer wieder den modernen Forscher, der gewohnt ist, methodisch disziplinierte Stilbeobachtung als Errungenschaft der jüngeren Zeit anzusehen.«

Peter Diemer, Kammergalerie (1980), 145

»...in joiis, gemmis, picturis et rebus artificialibus [Juwelen, Gemmen, Gemälden und Gegenständen des Kunsthandwerks] neben den lustgärten und antiquitäten ihr CD [Churfürstlichen Durchlaucht] zuer recreation und zuer zierde sich sehr delectieren und hoches iudicium von jugendt auf darinnen haben, weilen sie vor höchstge[achtem] dero herrn vatteren, herzogen Guilielmo 5. und anherrn [Großvater] Alberto 5. ..., als welche vil donnen [Tonnen] golds in kunstsachen und raritaten gespendieret, solchen verstand und lust gleichsamb ererbt und haereditarie [als Vermächtnis] an sich gebracht haben...«

Philipp Hainhofer über seinen Aufenthalt am Münchner Hof im Juni 1636

VON FLORENZ NACH MÜNCHEN: PETER CANDID/PIETRO DI CANDIDO (URSPRÜNGLICH PIETER DE WITTE)

*um 1548 (Brügge), † 1628 München

Der flämisch-italienische Maler Peter Candid war der bedeutendste Künstler, der am Hof Maximilians I. tätig war. Sein gleichnamiger Vater, ein Wandteppichwirker aus Brügge, wurde von Cosimo I. de'Medici 1558 nach Florenz berufen und nahm seine Familie samt dem etwa 10-jährigen kleinen Peter mit. Zeitlebens bediente sich der Sohn des Italienischen als seiner Muttersprache und verwendete ausschließlich die italianisierte Form seines Namens. Seine Ausbildung erhielt er unter dem dominierenden Einfluß Giorgio Vasaris vornehmlich durch den gleichfalls aus Brügge stammenden Jan van der Straet, genannt Stradanus. 1572–1574 wirkte er unter Vasaris Leitung an der Ausmalung der Kuppel des Florentiner Doms mit. Spätestens seit 1576 war Peter Candid Mitglied der Florentiner Accademia del Disegno. 1578 schuf er für den Dom von Volterra sein erstes eigenes Hauptwerk »Maria als Beschützerin von Volterra«. 1581/1582 absolvierte er den obligatorischen Studienaufenthalt in Rom, worauf er zum »Academicus« ernannt und in den Folgejahren vor allem von den Medici beschäftigt wurde. Die stark plastische Gestaltung und das leuchtende Kolorit, die er von der unter der Nachwirkung Michelangelos stehenden manieristischen Malerei in Florenz und Rom erlernt hatte, prägten ihn auf Dauer.

Auf Vermittlung des berühmten flämisch-italienischen Bildhauers Giambologna trat Peter Candid 1586 in die Dienste Wilhelms V. von Bayern, die Besoldung setzte am 1. Juni ein. Seine ersten Werke in München waren zwei Altarbilder für die Michaelskirche, »Verkündigung an Maria« und »Martyrium der heiligen Ursula«. Altarbilder bildeten auch weiterhin einen Schwerpunkt der Tätigkeit Candids, nicht nur in München, sondern auch in Augsburg, Landsberg am Lech, Brescia. 1595 traf ihn, wie viele andere Künstler, die Entlassung aus dem Hofdienst, doch wurde er, wie Hans Krumper, inoffiziell weiterbeschäftigt. 1602 fand er wieder Anstellung bei Hofe mit einem festen pauschalen Gehalt, eine wirtschaftlich nachteilige Lösung, da die lukrative objektbezogene Bezahlung entfiel. Zum Ausgleich erhielt er wegen seines außergewöhnlichen Fleißes »Gnadengelder« und schließlich, trotz zunehmender gesundheitsbedingter Leistungseinschränkung, ab 1611 volles Gehalt bis zum Lebensende, seiner italienischen Frau Emilia wurde eine Rente zugesprochen. Außerdem schenkte ihm Maximilian I. ein Haus am heutigen Platzl. Angesichts der Sparsamkeit Maximilians waren das außergewöhnliche Zeichen seiner Wertschätzung.

1604–1618 war Candid vor allem mit den Entwürfen für die großartigen Serien von Wandteppichen beschäftigt, die Maximilian für die Residenz in Auftrag gab und die von niederländischen Teppichwirkern unter der Leitung von Hans van der Briest realisiert wurden: 12 Tapisserien der Otto-von-Wittelsbach-Serie, 12 Tapisserien mit Allegorien, eingerahmt von Grotesken, 18 Tapisserien zu den 12 Monaten, den vier Jahreszeiten und den Tageszeiten Tag und Nacht und 12 Tapisserien mit Helden des Alten Testaments und der antiken Geschichte (»Kaisersaalteppiche«). Diese Teppiche gehören zum Hervorragendsten, was die europäische Tapisseriekunst je geschaffen hat.

Ab 1612 entwarf Candid die Ausmalung der Räume im Kaiserhoftrakt der Residenz, 1617 die Deckenbilder im Alten Schloß Schleißheim. Im Auftrag der Stadt Augsburg konzipierte er die Ausmalung des Goldenen Saales des Rathauses. Sein letztes Hauptwerk war das monumentale 7,94 x 4,34 m messende Tafelgemälde »Himmelfahrt und Krönung Mariens« für den Hochaltar der Münchner Frauenkirche (1620), das leider durch die puristischen Umgestaltungen des Kirchenraums in das linke Seitenschiff verbannt wurde.

Im Zusammenwirken mit den zeitweise in München ansässigen Stechern der aus den Niederlanden stammenden Familie Sadeler wurden zahlreiche Werke Candids als qualitätvolle Druckgraphiken verbreitet. Auch an den Sadelerschen Stichen zur »Bavaria Sancta« des Jesuiten Matthäus Rader (1615) war Candid beteiligt.

1625 wurde die Werkstatt des schwerkranken Künstlers aufgelöst, 1628 erlag er einem langwierigen Lungenleiden.

Wandteppich mit Hirschjagd. Der von Peter Candid entworfene und von Hans van der Briest gewebte Teppich gehört zu den 1610–1614 für die Residenz geschaffenen zwölf Teppichen der Monatsfolge.
Alle Teppiche dieser Serie werden, dem naturverbundenen Thema entsprechend, von efeuumrankten Baumstämmen gegliedert. Die Äste verflechten sich oben und umwinden die Wappen Bayerns und Lothringens. Die Stämme stehen auf Monogrammschilden, die die Initialen des Herzogspaares M und E zeigen. Der Teppich für den Monat Juli ist Maximilians liebster Entspannung gewidmet, der Jagd. Eine Dame mit Reitpeitsche steht im Mittelpunkt des Geschehens, rechts von ihr ein Schütze mit Radschloßbüchse, Pulverflasche, Waidmesser und Jagdtasche. Rechts im Mittelpunkt wird ein ins Wasser gehetzter Hirsch geschossen. In der linken Bildhälfte haben die Hunde einen kapitalen Hirsch gestellt. Ein Reiter prescht mit gezücktem Schwert heran, um ihm den Fangstoß zu geben. Der beigegebene Text bewertet das Verhalten der Hirsche nachgerade zu militärischen Kriterien. Die Übersetzung der linken Inschrift lautet: «Juli. Er flieht bebend vor Angst. Wenn sein Herz seinem Geweih entspräche, würde er den feindlichen Hunden standhalten, fürchtete er nicht die Gefahr«. Rechts steht: »Der siebente Monat. Das Wild springt ins Wasser, doch hätte es sich auf freiem Felde im Rennen verteidigen können, im Schwimmen nicht«.

EIN SAMMELPOLITISCHER HANDSTREICH

Kurz vor seinem Tod hatte Maximilians Lieblingsmaler Albrecht Dürer 1526 sein berühmtestes Gemälde geschaffen, das Zweitafelbild »Die Vier Apostel«, und es »zu seinem Gedächtnis« seiner Heimatstadt Nürnberg vermacht, wo es im kleinen Rathaussaal aufgehängt wurde. Der bayerische Kurfürst wollte sich unter allen Umständen in den Besitz dieses Bildes setzen, das die Nürnberger schon seinem Sammlerkonkurrenten Kaiser Rudolf II. abgeschlagen hatten. Er bat 1627 den Rat, ihm die Gemälde zur Betrachtung nach München zu schicken. Die Nürnberger, denen am Wohlwollen des mächtigen Nachbarn gelegen war, erfüllten ihm den Wunsch. Maximilian ließ den Münchner Maler Georg Vischer Kopien anfertigen, die er statt der Originale den Eigentümern zurückzuschicken gedachte, wobei er vermerkte, daß er eine Ablehnung als »einen sondern hohen despect« erachten würde. Während der monatelangen Verhandlungen teilte der Kammerdiener des Kurfürsten den Räten mit, daß sein Herr »bei jetzigem Ihrem schweren regiment und hohen alter kain größer ergetzlichkait dan in den gemählen hätte.« Die Nürnberger wiesen darauf hin, daß sich unter den Füßen der Apostel Inschriften befänden, die in der Lutherschen Bibelübersetzung auf die alleinige Gültigkeit des Wortes hinweisen und Maximilian aus konfessionellen Gründen unangenehm sein müßten. Der Kurfürst ließ diese Inschriften einfach absägen und schickte sie mit den Kopien nach Nürnberg. Dort fand man sich schließlich mit dem Verlust der Bilder ab, wohl in der Hoffnung, von ligistischen Truppendurchzügen verschont zu bleiben. Das Inventar der Kammergalerie gibt den Sachverhalt stolz wieder und unterschlägt die Unfreiwilligkeit des Geschenks:

»Zwo gemalte Tafeln, so Albrecht Dürer anno 1526 in seiner maiste perfection und bessern manier gemalt, auch seinem Vatterlandt zur sondern Ehrn und gedechtnus, auf das rathhauß verehrt, welche hernach Kayser Rudolpho auf dero begern abgeschlagen, letztlichen Anno 1627 Irer Churfr. Drt. hierher verwilliget, und überlassen worden… seind die rechten originalia, und an deren statt die Copien nach Nürnberg gelifert worden, mit N^{rs} 42 und 43 bezaichnet.«

EIN BAYERISCHER BILDHAUER: HANS KRUMPER (ODER KRUMPPER)

*um 1570 (Weilheim), † 1634 (München)

Hans Krumper war der Sohn des berühmten Holzbildhauers Adam Krumper aus Weilheim. Er war seit 1584 in den Diensten Wilhelms V. und wurde von dem aus Flandern stammenden großen Bildhauer Hubert Gerhard ausgebildet. Er heiratete in erster Ehe eine Tochter des Italieners Friedrich Sustris, dem Kunstintendanten Wilhelms V.. 1590 verpflichtete er sich, stets in bayerischen Diensten zu bleiben. Zwar fiel seine Stelle 1597, wie die vieler anderer Künstler, den Sparmaßnahmen Maximilians I. zum Opfer, doch wurde er in den Folgejahren von Wilhelm V. und später auch von Maximilian inoffiziell weiterbeschäftigt. 1609 erhielt er schließlich die Stelle des verstorbenen Hofmalers Hans Werl, weshalb er nominell als Maler geführt wurde, doch lag sein Hauptbetätigungsfeld im Bereich der Bildhauerei und des Dekors, vornehmlich der Bronzeplastik und der Stukkatur. Er war auch stark in die architektonische Gestaltung einbezogen (Chorraum und Bennobogen in der Frauenkirche, Kaisertreppe und mehrere der Stein- und Trierzimmer in der Residenz), doch gibt es für die Annahme, Krumper sei der eigentliche Baumeister der Residenz gewesen, keinen Beleg. Ebensowenig fungierte er als übergeordneter Kunstintendant wie einst Sustris unter Wilhelm V. denn Maximilian I. behielt sich selbst die Koordination seiner Künstler und Handwerker vor. Zu den bedeutendsten Werken Krumpers gehören mehrere der Bronzestatuen an der Westfassade der Residenz, namentlich die Patrona Boiariae und die vier Tugendallegorien, sowie ein Teil der Bronzeskulpturen am Grab Ludwigs des Bayern in der Frauenkirche (Statuen der Herzöge Wilhelm IV. und Albrecht V., Allegorien der kaiserlichen Macht in Krieg und Frieden). Krumper löste sich von der manierierten Eleganz Hubert Gerhards und griff auf die kompaktere Formensprache der deutschen Renaissance zurück. Er war nach Candid der höchstbesoldete Künstler am Hof. Über sein Privatleben ist wenig bekannt, doch steht außer Zweifel, daß er ein eifriger Katholik war. Er war Gründungsmitglied der deutschen Marianischen Kongregation.

»Mehr eines Kaisers als eines Herzogs würdig«: Das Wundergebäu der Münchner Residenz

Im 13. und 14. Jahrhundert residierten die Herzöge im »Alten Hof«, der zu Maximilians Zeit nur noch Behörden beherbergen sollte. Die Herzöge verließen angesichts einer aufruhrfreudigen Bürgerschaft Ende des 14. Jahrhunderts das Zentrum der Stadt und errichteten sich im Nordosten des Mauerrings eine Wasserburg, die Neuveste. Sie war der Ausgangspunkt der riesigen Stadtpalastanlage, die sich in den nächsten Jahrhunderten nach Süden und Westen ausdehnen sollte und unter dem Namen »Residenz« bekannt wurde. Wegweisend waren ab 1530 die Baumaßnahmen Wilhelms IV. und Albrechts V., die den Wandel von der spätmittelalterlichen Burg zu einer monumentalen fürstlichen Wohnanlage der Renaissance einleiteten. Das bedeutendste Gebäude war Albrechts V. »Antiquarium«, ein riesiges Tonnengewölbe, das die Antikensammlung des Herzogs beherbergte und von Wilhelm V. und Maximilian I. weiter ausgestaltet wurde. Westlich vom Antiquarium legte ab 1580 Wilhelm V. den manieristischen Grottenhof an. Nach seiner Abdankung zog sich der Ex-Herzog in die Wilhelminische Veste, die spätere Maxburg in der Nähe der Michaelskirche, zurück. Bis jetzt hatte der Ausbau der künftigen Residenz ein recht amorphes Konglomerat geschaffen. Maximilian I. fuhr zunächst mit dem Stückwerk fort. 1601 erneuerte er die Hofkapelle am Kapellenhof im Süden des Areals, 1607 baute er als private Andachtsstätte die Reiche Kapelle in den Westtrakt des Grottenhofs ein. Ab 1607 gestaltete er den bisherigen Turnierhof zum Brunnenhof um, benannt nach dem mit zahlreichen Bronzeplastiken Hubert Gerhards geschmückten Brunnen, den eine Statue des ersten Wittelsbacher Herzogs Otto krönt. Im 2. Jahrzehnt ging Maximilian dazu über, einen durchgeplanten geschlossenen Baukomplex zu errichten. 1611–1616 entstand nordwestlich bis hin zur Schwabinger Gasse das Herzstück der Residenz, eine Vierflügelanlage, gruppiert um den riesigen Kaiserhof: der Trakt mit dem Herculessaal im Süden (nicht zu verwechseln mit dem heutigen Konzertsaal dieses Namens, der Kaisersaaltrakt im Norden, der Trakt mit den Kaiser- oder Steinzimmern im Westen und der mit den Rats- oder Trierzimmern im Osten. Die lange Westfassade zur Schwabinger Gasse (heute Residenzstraße) weist von Hubert Gerhard und Hans Krumper geschaffenen Skulpturenschmuck auf, zentral die Statue der Patrona Boiariae. Die Wandflächen sind, wie auch die des Kaiserhofs,mit scheinarchitektonischer Fassadenmalerei geschmückt. Die wichtigsten an der Bauplanung und -durchführung beteiligten Künstler waren Hans Krumper (architektonische Entwürfe, Bronzeplastik, Stukkatur), Heinrich Schön (Bauaufsicht) und Peter Candid (Deckengemälde). Als eigentlicher *spiritus rector* darf aber der Herzog selbst gelten. Maximilian demonstrierte mit seiner internationales Aufsehen erregenden Residenz den Anspruch seiner Dynastie, zumindest gleichrangig neben den Habsburgern als Kaiserdynastie zu stehen. Gustav Adolf, der 1632 die Anlage besichtigte und das, was an Kunstschätzen nicht vorher in Sicherheit gebracht worden war, fleißig plünderte, äußerte sein Bedauern, diesen Palast nicht auf Räder setzen und nach Schweden transportieren lassen zu können.

»...quale sontuoso Palagio Albergo Imperiale più, che Ducale.« »... welch ein prächtiger Stadtpalast, mehr kaiserlich als herzoglich.«

Baldasar Pistorini, Descrizione compendiosa ..., situato nella elettorale città di Monaco, 1644

»Sub tuum praesidium confugimus,
Sub quo secure laetique degimus.«
»Wir fliehen unter Deinen Schutz und Schirm,
Dort wollen wir sicher und in Freuden leben.«

Inschrift über Hans Krumpers Statue der Patrona Boiariae an der Fassade der Münchner Residenz, 1616

Die Nord- und Westfassade der Münchner Residenz. Kupferstiche Georg Peter Fischers aus Matthaeus Merian, Topographia Bavariae, Frankfurt a.M. 1644. Die Nordansicht zeigt vom Hofgarten aus links die spätgotische Wasserburg »Neuveste«, die Keimzelle der Residenz (im 19. Jahrhundert abgebrochen), daran anschließend der Hirschgang und dann im Osten die Nordfassade von Maximilians I. Kaiserhoftrakt, die im 19. Jahrhundert vom Festsaalbau Ludwigs I. verdeckt wurde, der heute die gesamte Hofgartenseite einnimmt, so daß von dem hier dargestellten Gebäudekomplex nichts mehr zu sehen ist . Besser ergangen ist es der darunter abgebildeten Westfassade zur Schwabinger Gasse (heute Residenzstraße), der eigentlichen Schauseite der maximi-

lianeischen Residenz. Im Norden (links) schließt sie an die Stadtmauer an, die unmittelbar westlich vom Bildrand vom Schwabinger Tor unterbrochen wurde (heute Feldherrenhalle). Eine Frontalansicht der Fassade, wie sie Fischers Stich suggeriert, war wegen der Lage an einer engen Straße weder damals noch heute möglich. Die scheinarchitektonische Gliederung der Fassade ist aufgemalt. Die lange Fläche wird von zwei Portalen durchbrochen, von denen das linke in den Kaiserhof führt, das rechte in den Kapellenhof. Zwischen den Portalen steht in einer Nische über einer großen Ampel mit dem Ewigen Licht Hans Krumpers Statue der Patrona Boiariae.

Die »Reiche Kapelle« oder »Kammerkapelle« (Vorkriegszustand). Der 1607 errichtete Raum war das Privatoratorium des Herzogspaares, dessen Schlafzimmer sich unmittelbar anschloß. Die Kapelle war der Hl. Maria und der Passion Christi geweiht und barg den reichen Reliquienschatz des Hauses. Die Wände sind mit gefärbten und polierten Stuckarbeiten (Scagliola) verkleidet, eine Technik, für die der Münchner Hof berühmt war. Einige Bildfelder zeigen Szenen aus dem Marienleben nach Albrecht Dürer.

Die Kaisertreppe im Kaiserhoftrakt der Residenz. Die 1616 erbaute monumentale Treppe führt in zwei Läufen vom Vierschäftesaal im Erdgeschoß zum Portal des Kaisersaals. Die reiche Stukkatur Hans Krumpers spielt auf den Herkulesmythos an, während die drei großen Stuckstandbilder in den Nischen die bedeutendsten Ahnen der Wittelsbacher zeigen: Unten als erster Otto von Wittelsbach, der von Kaiser Friedrich Barbarossa 1180 zum ersten wittelsbachischen Herzog Bayerns erhoben wurde, dann Kaiser Karl der Große, den Maximilian I. unbedingt als Vorfahren reklamieren wollte (Bildmitte), und schließlich Kaiser Ludwig IV. der Bayer, der einzige Kaiser, den der bayerische Zweig des Hauses bis dahin hervorgebracht hatte (rechts).

Ansicht des Alten Schlosses Schleißheim mit Schwaiggebäuden und Wilhelmsklause von Südwesten, Kupferstich aus Wilhelm Ertl, Churbayerischer Atlas (1687). Der von Wilhelm V. errichtete Schwaigbereich mit Stallungen (vor allem Pferdezucht), Mühlen, Werkstätten, Brauerei, Käserei (berühmter Parmesan) befindet sich im Westen. Die Anlage wird von drei von der Moosach und vom Würmkanal abgeleiteten Nutzbächen durchflossen. Der östliche Quertrakt mit dem Uhrturm separiert den eigentlichen Schloßbereich um den Maximilianshof. Das Schloß am Ostende erbaute Maximilian I. 1616–1623 auf den Fundamenten des bescheideneren Herrenhauses seines Vaters im Stil einer norditalienischen Villa Rustica der Spätrenaissance. Deckengemälde Peter Candids feierten das ländliche Leben. Das Schloß enthielt eine exquisite Kunstsammlung, darunter die vier gewaltigen Jagdstücke des Peter Paul Rubens. Das Gebäude wurde im Zweiten Weltkrieg schwer beschädigt.

VERMÄCHTNIS UND ANSPRUCH: DAS ANDENKEN LUDWIGS DES BAYERN UND ANDERER VORFAHREN

Wie die Zusammensetzung seiner Bibliothek beweist, waren Geschichte und Jura Maximilians bevorzugte Wissenszweige, während er für Mathematik und Naturwissenschaften wenig übrig hatte. Seine favorisierten Fächer hatten nicht zuletzt den großen Vorteil, daß sie gut einsetzbar waren, um politische Ansprüche zu untermauern. Die Geschichte war zudem geeignet, Alter und Würde der Dynastie Wittelsbach zu belegen. Das war ein durchaus zeittypisches Verhalten, das Historiographen viel Beschäftigung verschaffte, vor allem wenn sie verstanden, daß für ihre fürstlichen Auftraggeber oftmals der Wunsch der Vater des Gedankens war, wobei äußerst phantastische Konstruktionen nicht verschmäht wurden. Das konnte durchaus mit echtem historischen Erkenntnisdrang verbunden sein. Gerade auf Maximilian I. traf in hohem Maß beides zu. Es wurde unter seiner persönlichen Aufsicht eine riesige Recherchecampagne durchgeführt, um möglichst alle irgendwie erreichbaren Quellen zu erfassen und auszuwerten. Insofern brachten die Leistungen der maximilianeischen Geschichtsschreiber einen methodischen Fortschritt gegenüber dem Werk des Aventinus, das zudem wegen seiner reformationsfreundlichen Tendenzen auf dem Index stand. Andererseits trat eine Verengung von der Landes- auf die Dynastiegeschichte ein, wobei durch politisch motivierte Vorgaben und Eingriffe des Auftraggebers die angestrebte Objektivität stark beeinträchtigt wurde. Daraus ergaben sich Probleme, die das Zustandekommen und die Drucklegung des bereits 1595 von Maximilian in Angriff genommenen Hauptwerks, der »*Boicae Gentis Annales*«, immer wieder behinderten und dafür sorgten, daß sich die Arbeiten mehr als ein halbes Jahrhundert hinzogen und das Ergebnis erst elf Jahre nach Maximilians Tod erscheinen konnte (s. auch S. 72f.). Die Schwierigkeiten hingen zum Teil mit Bearbeitern zusammen, die sich in ihrem wissenschaftlichen Ethos nicht gängeln lassen wollten, zum Teil mit kirchlichen Widerständen gegen bestimmte Thesen, die dem Kurfürsten am Herzen lagen.

Die wissenschaftlichen Bedenken ergaben sich vor allem aus dem Wunsch Maximilians, die alte Annahme, die Wittelsbacher gingen auf die Luitpoldinger zurück und diese wiederum auf Karl den Großen, hieb- und stichfest bewiesen zu sehen. Der große Augsburger Humanist Markus Welser, den Maximilian als ersten mit dem großen Geschichtswerk beauftragt hatte, konnte keine Belege finden und weigerte sich, ohne solche diese These zu verfechten. Er zog sich schließlich nach bedeutenden Anfangsarbeiten von dem Projekt zurück. Das hinderte Maximilian freilich nicht, Karl den Großen neben Otto I. und Ludwig dem Bayern mit einer Statue an der Kaisertreppe als einen der drei wichtigsten Vorfahren seines Hauses zu feiern. Letzterer war es aber, der für die schwersten Querelen sorgte. Ähnlich dem luitpoldingischen Herzog Arnulf dem »Bösen«, dessen Rehabilitierung Maximilian gleichfalls am Herzen lag, war Ludwig der Bayer in schweren Streit mit dem Papst geraten, 1324 hatte ihn sogar der Bannstrahl getroffen und er befand sich bei seinem Tod 1347 immer noch im Stand der Exkommunikation. Der Status des einzigen Kaisers, den die bayerischen Wittelsbacher zu verzeichnen hatten, als gebannter Kirchenfeind war für einen strammen Katholiken wie Maximilian natürlich unerträglich. Seine Historiker hatten also zu beweisen, daß der große Vorfahre zu Unrecht mit der schwersten Kirchenstrafe belegt worden war. Zwei jesuitische Bearbeiter des Geschichtswerks nahmen sich hintereinander des Auftrags an, worauf ihnen prompt von Rom die Druckerlaubnis verweigert wurde. Zu allem Überfluß veröffentlichte 1617 ein polnischer Dominikaner einen scharfen Angriff auf den wittelsbachischen Kaiser, den Maximilian durch den Direktor des Münchner Jesuitenkollegs ausführlichst widerlegen ließ. In einem neunjährigen Streit konnte er schließlich erreichen, daß der Kontrahent widerrufen mußte und die Kirche Ludwigs Charakter rehabilitierte und die Rechtmäßigkeit seiner Königswahl anerkannte. Die Aufhebung des Banns konnte Maximilian aber nicht erwirken. Das hinderte ihn aber nicht, dem exkommunizierten Kaiser 1617–1622 mitten in der Hauptkirche Münchens, der Frauenkirche, ein monumentales Grabmal errichten zu lassen, mit dem er bewies, daß er einem Konflikt mit Papst und Kirche nicht auswich, wenn es um die Reputation seiner Dynastie ging.

Das Grabmal, das am Eingang zum Chorraum errichtet wurde (heute steht es zur Seite geschoben im rechten Seitenschiff) überfing die spätgotische Grabplatte des Kaisers mit einem Überbau aus Bronze, gekrönt und umgeben von zahlreichen Bronzefiguren. Die frühbarocke Komposition stammt von Hans Krumper, der auch einen Teil der Statuen schuf. Die übrigen Figuren sind Werke Hubert Gerhards und gehörten zu einem Fundus, der für das nicht realisierte Grabmal Wilhelm V. vorgesehen war und vom Sohn nun an vielen Stellen zweckentfremdet wurde – die

Grabmonument Kaiser Ludwigs IV. (»Der Bayer«) in der Münchner Frauenkirche (heutige Aufstellung am Westende des rechten Seitenschiffes). Ansicht von Nordosten mit Hans Krumpers Statue Herzog Albrechts V. an der Längsseite. Schwarzer Marmor und vergoldete Bronze, 1619–1622.

Löwen neben den Residenzportalen, die Statue Ottos I. auf dem Wittelsbacher-Brunnen im Brunnenhof, die Patrona Boiariae auf der Mariensäule. Am Kaisergrabmal sind es die vier an den Ecken knienden Krieger, welche die Standarten von vier Kaisern halten – Karl dem Großen, Karl dem Dicken, Ludwig dem Frommen und Ludwig dem Bayern –, die der Kurfürst alle unter seine Ahnen reihte. Diese eigenwillige Mischung aus zielgerichteter Pietät und respektloser Eigenmächtigkeit gegenüber dem Erbe und den testamentarischen Verfügungen seiner Vorväter war typisch für Maximilian. Ursprünglich war auch eine Statue des Kurfürsten selbst als kniender Beter vorgesehen, doch ließ er diese Absicht fallen. Nicht übersehen darf man bei der Würdigung der geradezu kultischen Verehrung des kaiserlichen Vorfahren, daß gerade der Persönlichkeit Ludwigs des Bayern eine latent gegen das Haus Habsburg gerichtete Botschaft anhaftete: Hatte der wittelsbachische König und Kaiser doch seine Krone durch die Schlachtensiege von Gammelsdorf und Mühldorf gegen einen habsburgischen Konkurrenten errungen.

DICHTER UND HISTORIKER: JAKOB BALDE S.J.

*1604 (Ensisheim, Oberelsaß), †1668 (Neuburg a. d. Donau)
Mit seinem sicheren Gespür für große Talente zog Maximilian I. den bedeutendsten damals in Deutschland tätigen Dichter nach München, den Jesuiten Jacob Balde. Mit kurzen Unterbrechungen war dieser von 1626 bis 1648 in der Hauptstadt tätig. Wenn die Muttersprache des Elsässers auch Deutsch war, sein Medium als Schriftsteller und Poet war es nicht. Der Rhythmus des einheimischen Idioms war ihm zu »fußvolkhaft« schwerfällig, er wollte sich vom geschmeidigeren Latein klassischer Prägung wie auf den Schwingen des Pegasus emportragen lassen. Keinem weiteren neulateinischen Dichter gelang es, sich mit solchem Erfolg und solcher internationaler Anerkennung in die Sphären der augusteischen Dichtkunst zu begeben wie Balde. Das trug ihm den Beinamen eines »Teutschen Horaz« ein. Die Verschmelzung mit der Welt der alten Römer erfolgte nicht nur auf sprachlicher Ebene. Der ungemein vielseitige und antiquarisch gebildete Dichter, ein wahrer *»poeta doctus«* ließ den Leser die zeitgenössische Welt als organische Fortsetzung und Spiegel der römischen Geschichte sehen, Bayern wurde zu »klassischem Boden«, wie es Herder später formulierte. Diese Beschwörung der römischen Tradition als Analogie, Vorbild und Maßstab in allen Bereichen der Kultur, der Politik, des Mythos, der stoischen Ethik und des Kriegswesens war dem »eisernen Zeitalter« überhaupt zueigen, wobei es wenig Unterschied machte, ob der Rezipient Katholik, Lutheraner oder Calvinist war. Auch Maximilian I. lebte ganz in dieser zwar christlich ausgerichteten, doch römisch geprägten Welt, so daß Baldes Dichtung ihm kongenial war. Doch heißt das nicht, daß es nicht zu erheblichen Spannungen zwischen Fürst und Poet kam. Bei aller zweckfreien Kennerschaft und geschmacklichen Verfeinerung Maximilians I., wollte dieser doch nicht darauf verzichten, Kunst und Literatur im Dienst der Dynastie und der Staatsraison zu instrumentalisieren. So kam es zum Konflikt zwischen schöpferischer Autonomie und verführerisch geforderter opportunistischer Unterordnung, zwischen individueller Selbstbestimmung und

den überpersönlichen Interessen des Landesherrn, zwischen dem objektiven Wahrheitsanspruch des Poeten und Historikers und den politisch zielgerichteten Vorgaben der Auftragsdichtung. Kein zweiter bei Hofe beschäftigter Schriftsteller hat uns so freimütige und unabhängige Einblicke in diese Konflikte hinterlassen wie Balde.

Der Vater des Dichters war Jurist und Kammersekretär der habsburgischen Regierung im Elsaß, für den Sohn war eine ähnliche Laufbahn vorgesehen. Nach jesuitischer Schulbildung nahm er an der bischöflich-straßburgischen Universität Molsheim das Vorstudium der Philosophie auf, wechselte aber, als Mansfeld mit seinen Scharen im Winter 1621/1622 das Oberrheingebiet heimsuchte, nach Ingolstadt über, wo er 1623 promoviert wurde. Ein Jurastudium schloß sich an, doch ein Berufungserlebnis veranlaßte ihn wenig später zum Eintritt in den Jesuitenorden. Ab 1626 lehrte er in München am jesuitischen Wilhelmsgymnasium. Auf eine kurze Versetzung nach Innsbruck folgte in Ingolstadt ein Theologiestudium. Während dieser Zeit erlebte er im Frühjahr 1632 den Angriff Gustav Adolfs auf die Stadt und den Tod des von ihm tief verehrten Tilly, dem er später auch ein Epos widmete. Im Folgejahr wurde er in Eichstätt zum Priester geweiht. Schon bald war Maximilian I. auf die Qualitäten des glänzenden Stilisten, Rhetorikers und Predigers aufmerksam geworden. 1638 machte er ihn in Nachfolge des verstorbenen berühmten Jeremias Drexel S.J. zum Hofprediger, ein Amt, das er nach zwei Jahren aus Gesundheitsgründen aufgeben mußte. Dafür betraute Maximilian ihn als Hofhistoriographen mit der Abfassung historischer, auch zeitgeschichtlicher Arbeiten. Hier war der Konflikt vorprogrammiert, da der Kurfürst politisch bedingte Thesen, von deren Richtigkeit er zweifellos überzeugt war, von seinen Geschichtsschreibern bestätigt sehen wollte. Schon die erste einschlägige Arbeit Baldes über die Achtvollstreckung an Donauwörth (»*Expeditio Donauwerdiana*«) stieß auf die »*despotica censura*« des Auftraggebers, wie Balde sich ausdrückte. Erfolgreicher war eine Reihe von Oden über Themen wie die Schlacht am Weißen Berg, den Sturz Wallensteins, die Übergabe und Einweihung der Mariensäule, die Münchner Residenz und die neue Umwallung der Hauptstadt, die Schwedengeiseln, die Geburt des Thronfolgers. Eine große Ode auf Maximilian selbst im 4. Buch der »*Lyrica*« (1641) nahm dann doch die zu erwartenden panegyrischen Formen an. Das letzte Buch der »*Sylvae*« (1645) sollte die französischen Gesandten auftragsgemäß für die bayerischen Friedensbemühungen einnehmen. Das »*Drama Georgicum*« feierte schließlich den umstrittenen Ulmer Waffenstillstand von 1647, was zu verärgerten Reaktionen von kaiserlichen Seite führte. Der Dichter sah in solchen zeitgeschichtlichen Ergüssen aber letztlich »die unreinen Küsse der Fama«, die ihn von seinem ihm viel wichtigeren poetischen Werk abhielten. Dementsprechend änderte er eigenmächtig seine Schwerpunktsetzungen. Überhaupt war er der Ansicht, die Geschichtsschreibung müßte die Botschaft der Toten an die Lebenden zum Inhalt haben und nicht umgekehrt. Als Maximilian nach Jahren feststellen mußte, daß Balde die Arbeit an der ihm so wichtigen bayerischen Geschichte gar nicht ernsthaft aufgenommen hatte, entließ er ihn als Hofhistoriographen. Balde ging nach Landshut, Amberg und schließlich nach Neuburg, wo er 1654 Hofprediger Philipp Wilhelms von Pfalz-Neuburg wurde. Aber auch in Neuburg kam es zu Konflikten mit der Zensur, diesmal der jesuitischen, worüber der Dichter eine Satire schrieb, die prompt nicht gedruckt werden durfte. Neben Hauptwerken wie dem Drama »Jephte« (1637), den Oden und den »*Sylvae*« (1643–1645), den »*Lyrica*« (1643) und der »Urania Victrix« (1663), hinterließ Balde auch kleinere launige Werke wie ein Lob der Magerkeit (»Agathyrus« 1638) – er hatte sogar eine Gesellschaft der Mageren gegründet – und eine Satire gegen den Tabakmißbrauch (dt. »Die truckene Trunkenheit«, 1657/1658).

»Das sich neigende Lebensalter hat schon den zweimal fünf Lustren [in fünfjährigem Turnus abgehaltene Riten, also 50 Jahre], sechs Trieteriden [dreijährige Zeitspannen, also 18 Jahre] dazugegeben [zusammen 68 Jahre], ohne an Vollkommenheit zu verlieren, es fehlt Dir weder Lebenssaft noch das blühende Leben, Du übertriffst an Ausdauer noch immer Herrscher, jung an Jahren, in dem Du die

unerträgliche Last der Regierungsgeschäfte hartnäckig fortführst. Die Feinde wollten Dich verbraucht und längst schon entseelt wähnen: Du lebst indes, und Du lebst umso froher, als diese Feinde bereits zu den Schatten abberufen wurden... Der Schwede [Gustav Adolf] glaubte Dich niedergeworfen, doch Du stehst aufrecht: er liegt erschlagen, Du triumphierst. Die sich als künftige Besitzer Deiner Hauptstadt sahen, ruhen nun in bescheidener Urne... Unter ihnen waren solche, die noch gewalttätiger zu freveln gedachten, die dabei waren, alles den Flammen zu übergeben, doch die Flamme ist niedergegangen. Sie wollten das Land verwüsten, so weit es sich erstreckt, doch fruchtbar prangt es in alljährlichen Ernten. Sie gedachten, die Städte zu zerstören und die Bürger zu morden, doch diese wurden gerettet und verdoppeln ihren Glanz in altem und neuem Mauerkranz. Das Zerstörte wird noch stärker wieder aufgebaut, Neues wird errichtet mit noch hochragenderen Feuerstätten .... Die Tempel ... prachtvoller und in größerer Zahl noch erheben sie das Haupt. Die schirmende Macht der Großen Jungfrau hielt Einzug auf dem Marktplatz der Hauptstadt. So bringen Rückschläge Gewinn, wenn die höheren Mächte den Lohn festsetzen.«

Jacob Balde, Ode auf Maximilian I., 1641, Vers 125–139, 141–144, 149–164

»Denn der Fürst [Maximilian I.], der nach Abschluß des Westfälischen Reichsfriedens von Salzburg nach München zurückkehrte und den Autor [Jacob Balde] mit nötigen Dokumenten zur Darstellung der jüngsten Ereignisse ausrüsten wollte, dabei aber erfuhr, daß dieser in den Anfängen hängengeblieben war und nicht das kleinste Geschichtswerk vorweisen konnte, entließ den Autor in Ungnade und verlangte einen dienstwilligen Schriftsteller... Durch diese Entlassung erwies er dem Autor, unwissend, daß dieser schon immer danach gestrebt hatte, eine größere Wohltat, als er sie, in Kenntnis der Hintergründe, einem Bittsteller erwiesen hätte, dem Autor zum handgreiflichen Beweis und Trost, daß er gut daran getan hatte, als er seine Zeiteinteilung erwogen und das Sichere, die Poesie, der unsicheren Geschichtsschreibung vorgezogen hatte.«

Jacob Balde, »Interpretatio«, *verfaßt 1649*
(ungedruckt, nach Breuer, »Princeps et poeta«, *350)*

5 Verwaltung und Rechtswesen

EIN POLIZEISTAAT? DIE GESETZGEBUNG MAXIMILIANS

Jede populäre Darstellung der Regierungsweise Maximilians I. ergeht sich in langen Beschreibungen der rigiden Sittengesetzgebung des Herzogs, der außer Arbeiten und Beten seinen Untertanen fast nichts erlaubt und alle Vergnügungen verboten habe mit Ausnahme von Wallfahrten und Weißbiertrinken für den Fiskus – kein Kartenspielen, kein Tanzen, keine aufwendige Kleidung, keine Festmahle, kein Fensterln, kein Fleisch an den zahlreichen Fast- und Abstinzenztagen, kein Schnapstrinken, überall Kontrollen und harte Strafen bis hin zur Hinrichtung für Ehebruch – kurz, eine wahre Hölle für den sinnenfrohen Bayern. Neuere Untersuchungen (Heydenreuter, Hofrat; Hartinger, Konfessionalisierung) haben erhebliche Modifikationen erbracht und von einer »latenten Geltungsschwäche« der zahllosen Verordnungen gesprochen, die übrigens schon Maximilian selbst eingeräumt hat. Theorie und Praxis klafften doch erheblich auseinander. So wurde beispielsweise die Todesstrafe bei Ehebruch niemals ausgesprochen, geschweige denn vollstreckt, vielmehr begnügte man sich mit Geldbußen, allenfalls Landesverweis. Generell wurde der Strafrahmen selten ausgeschöpft.

Ohne Zweifel schwebte Maximilian ein streng religiös geprägter, sittsamer und disziplinierter Untertanenverband als Ideal vor. Er trug vor Gott die Verantwortung dafür, dies nach Kräften durchzusetzen und sein Volk zum ewigen Heil zu führen. Außerdem bot eine »gute Polizey« – wobei das Wort öffentliche Ordnung meint, denn eine institutionalisierte Polizei in unserem Sinne existierte noch lange nicht – die Gelegenheit, sich reglementierend in immer mehr Bereiche einzumischen und einheitliche, berechenbare Verhältnisse zu schaffen, eine Tendenz, die dem modernen Staat in stetig wachsendem Maß zueigen war und ist. Gleich nach Regierungsantritt erging am 13. Februar 1598 ein »Generalmandat« zur Hebung von Sittlichkeit und Disziplin des Volkes, das viele der immer wieder zitierten sittenpolizeilichen Verordnungen enthält. Perfektioniert wurde der

Titelblatt des Landrechts (Codex Maximilianeus) von 1616. Kupferstich des Raphael Sadeler d.Ä.nach Entwurf von Peter Candid. Als Motto ist Deuteron, Cap. I, zitiert: »Was gerecht ist, sollt ihr urteilen, gleich ob jener ein Bürger ist oder ein Fremder, es darf kein Unterschied gemacht werden zwischen den Personen.« Das ovale Schriftfeld ist von einer aedicula- Architektur mit gesprengtem Giebel umrahmt. Oben in der Mitte thront als gepanzerte Göttin mit Lanze und Lorbeerkranz Bavaria, die Verkörperung Bayerns, Eichenlaub und Ährenkranz auf dem Helm als Hinweise auf Wald und Ackerbau. Zu ihren Füßen links ein Salzfaß, das auf den Salzreichtum anspielt, rechts ein Wasserkrug, der sich in eine Muschelschale voll mit Fischen ergießt – die Flüsse und Seen des Landes. Dazwischen Hunde, ein Hirsch und eine Wildgans, die Wild und Jagd evozieren. Links und rechts auf den Giebelschrägen die Personifikationen des Friedens mit Ölzweig und Füllhorn und des Glaubens mit Kreuz und Kelch, denen unten die stehenden Figuren der Lug und Trug niedertretenden Gerechtigkeit mit Schwert und Waage und des Glaubens mit Kreuz und Kirche als Siegerin über den Unglauben entsprechen. Auf den Sokkeln ist zu lesen: »Wo der Friede die Gerechtigkeit mit grünendem Lorbeer krönt, blüht die Religion lebensvoll im ererbten Glauben.« Unten in der Mitte das bayerische Herzogswappen.

Katalog durch die Polizeiordnung von 1616.Gleichfalls 1598 ließ der junge Herzog sofort eine Ämtervisitation durchführen, um Mißstände in der Verwaltung ohne Ansehen der Person aufzudecken und zu bekämpfen. Die Kontrollsucht Maximilians galt in der Praxis mehr der Elite als dem breiten Volk. Sie ließ sich viel leichter handhaben und war auch von ungleich größerer Bedeutung. Um die Verhältnisse im Land einigermaßen im Griff zu haben, bediente man sich vor allem der Rentmeisterumritte, wodurch Behörden und Gerichte auf dem Land kontrolliert, besonders das Rechnungswesen überprüft, Anzeigen nachgegangen und über die allgemeinen Zustände Bericht erstattet werden sollte. 1640 setzte er eine Kommission zur Überprüfung der kommunalen Verwaltung ein, was in der Hauptstadt zu scharfen Maßnahmen gegen den Rat führte.

Wichtig war dem Landesherrn auch die »Kirchenpolizei«, mit der er die tridentinischen Reformvorschriften in den Pfarreien und landständischen Klöstern durchzusetzen beabsichtigte und die kirchliche Verwaltung und Amtsführung disziplinieren wollte. Das Herzog- und Kurfürstentum Bayern besaß trotz vieler Bemühungen niemals ein eigenes Bistum. Das Land war vielmehr auf mehrere Diözesen aufgeteilt, die allesamt ihren Sitz außerhalb der Grenzen hatten und reichsunmittelbar waren – das Erzstift Salzburg, die Hochstifte Chiemsee, Passau, Regensburg, Freising, Eichstätt, Augsburg. Nicht alle Bischöfe entsprachen in ihrer Dienstauffassung den Vorstellungen Maximilians, der sich nicht scheute, in die Verwaltung und Jurisdiktion seiner Nachbarn einzugreifen, was zu manchen Streitereien führte, bei denen er sich aber gewöhnlich auf die Rückendeckung Roms verlassen konnte.

Die Herstellung konfessioneller Einheit lag Maximilian sehr am Herzen, wenn sie ihm auch nicht mit letzter Konsequenz gelungen ist, da man sich aus pragmatischen Gründen immer wieder zu Kompromissen gezwungen sah. Im Gegensatz etwa zu den Religionskriegen in Frankreich, in England, in Irland, kam es in Deutschland zu keinen Massakern oder Hinrichtungen von renitenten Andersgläubigen. Vielmehr stellte man die Betroffenen vor die Wahl Konversion oder Auswanderung, wobei sie

Gelegenheit hatten, ihr Eigentum zu verkaufen, manchmal sogar vom Ausland aus verwalten zu lassen. Zensurbestimmungen gab es in allen Ländern, doch wurden sie in Bayern sehr nachlässig gehandhabt. Eine Ausnahme stellte die große Amberger Bücherverbrennung von 1630 dar, der 10.000 calvinistische Publikationen zum Opfer fielen und die wohl ein Signal bei der Rekatholisierung der Oberpfalz setzen sollte.

Die größte gesetzgeberische Leistung Maximilians stellte der gemeinsam mit den Landständen erarbeitete »*Codex Maximilianeus*« von 1616 dar, der erstmals im ganzen Herzogtum Rechtseinheit herstellte. Er umfaßte das gesamte öffentliche und private Recht und blieb anderthalb Jahrhunderte lang in Kraft. Die Rechtspraxis war gekennzeichnet von der Verschriftlichung der Verfahren, die dadurch sehr viel besser überprüfbar wurden. Die Anwendung der Folter wurde stark eingeschränkt und unterlag der Kontrolle durch den Hofrat. Maximilian persönlich sicherte sich den direkten Zugriff in allen Religions- und fürstlichen Interessensachen.

»Damit die hochen [hohen] mit denen mündern [minderen] gleiches Recht erhalten und die reiche nichts unbilliches leyden noch der Gemaine Mann einige Schmach ausstehen durffte, weniger jemandt ungehört und unbeschützt gehalten, das also niemand unschuldiger weis, als der es durch seine miessethat [Mißtat] wohl verdient, gestrafft werde.«

Maximilian I./P.Johannes Vervaux S.J., Monita Paterna, *1639, caps. II 2*

MAXIMILIAN I. UND DIE SCHAFFUNG DES FRÜHABSOLUTISTISCHEN STAATS

Die Frühneuzeit war in den meisten Ländern des westlichen Europa gekennzeichnet durch eine Stärkung der Staatsmacht, die schließlich in den absolutistischen Fürstenstaat mündete. Maximilian I. war ein früher und markanter Vertreter dieser Richtung.

Man hat in jüngerer Zeit vielfach Kritik geübt an althergebrachten Schlagwörtern der Geschichtswissenschaft wie Absolutismus, Merkantilismus, Konfessionalisierung, Militärische

Revolution, wodurch die sehr komplexen und von Fall zu Fall unterschiedlich gelagerten Verhältnisse in Schablonen gepreßt und unzulässig vereinfacht würden. In vieler Hinsicht ist hier tatsächlich eine differenzierte Betrachtungsweise angebracht, doch ändert das wenig daran, daß diese Begriffe bei aller Gefahr der Schematisierung ihre grundsätzliche Berechtigung behalten haben und geeignet sind, allgemein zu beobachtende, wenn auch durch viele Sondererscheinungen durchbrochene Tendenzen klar herauszustellen. Dabei ist natürlich im Auge zu behalten, daß den Zeitgenossen selbst viele dieser Tendenzen gar nicht oder nur sehr vage erkennbar waren, daß nicht alles, was als zielgerichtetes Handeln erscheint, tatsächlich planmäßig durchkalkuliert war und auch nicht zwangsläufig Erfolg haben mußte. Vor allem hat man sich davor zu hüten, modernes aufklärerisches Rationalisieren den damals Handelnden überzustülpen. Gewiß schien es im Sinn der Vereinheitlichung und besseren Regierbarkeit des Untertanenverbandes, wenn man diesen auf eine einzige Konfession verpflichtete, auf die des Landesherrn, statt mehrere einander befehdende und nach unterschiedlichen Wertvorstellungen handelnde Konfessionen im Land zu dulden. Das heißt aber nicht, die Fürsten seien nicht von der religiösen Berechtigung, ja Notwendigkeit ihrer Maßnahmen innerlich überzeugt gewesen. Ohne Heuchelei unterstellen zu müssen, ließen sich subjektiv religiöser Idealismus und kühl kalkulierte Staatsraison miteinander in Einklang bringen. Die daraus resultierenden Spannungen waren den Entscheidungsträgern oft bewußt und konnten in heftigen Gewissenskämpfen, ja in Unsicherheit resultieren, wie das gerade bei Maximilian I. zu beobachten ist.

Die wesentlichsten Tendenzen, die mit der frühmodernen Staatswerdung einhergingen, lassen sich folgendermaßen zusammenfassen:

Die monarchische Zentralgewalt als eigentlicher Träger der Staatlichkeit versuchte den Einfluß der traditionellen ständischen Sondergewalten, des Adels, der Kirche, des Bürgertums zurückzudrängen bzw. in ihr System zu integrieren und zu instrumentalisieren. Vor allem wollte sie sich von der finanziellen und gesetzgeberischen Gängelung durch die Ständevertretung emanzipieren (s. S. 92f.). Zwar ließ sich die starke Stellung des Adels nicht einfach beseitigen – schließlich herrschte bei allen Gegensätzen doch eine erhebliche legitimatorische und mentale Interessengemeinschaft zwischen Adel und Krone. Aber es galt doch, daneben eine dem Fürsten zuverlässig ergebene, fachkompetente Beamtenschaft und eine effektive Verwaltung aufzubauen, die sich zum Gutteil aus akademisch gebildeten Bürgerlichen zusammensetzte. Der Vereinheitlichung und Disziplinierung von Staat und Gesellschaft war, bewußt oder unbewußt, die Konfessionalisierung dienlich, dies umsomehr in einer Zeit schwerer religiös motivierter Konflikte, die aus der Reformation und Gegenreformation des 16. Jahrhunderts resultierten.

Disziplin war überhaupt ein Schlüsselbegriff der Epoche – im privaten wie im politischen, im religiösen wie im profanen, im friedlichen wie im militärischen Bereich. Hier spielte das Vorbild der römischen Antike mit ihrem heroischen, stoischen Ethos eine gewaltige Rolle.

Ein neostoischer Autor wie der bezeichnenderweise zwischen Calvinismus und Katholizismus pendelnde niederländische Humanist, Antiquar und Staatsrechtler Justus Lipsius übte quer über die Konfessionsgrenzen hinweg einen prägenden Einfluß aus, auf Gustav Adolf nicht weniger als auf Maximilian I., wie das für letzteren vor allem Heinz Dollinger und Andreas Kraus herausgearbeitet haben. Diese Einflüsse spiegeln sich auch in der Gesetzgebung, die den frühabsolutistischen Herrschern ganz besonders am Herzen lag (s. S. 76f.).

Grundlegend war aber die materielle Basis, die Hebung der staatlichen Finanzkraft, wie das kein Fürst stärker verinnerlicht hat als Maximilian I., durch zielgerichtetes, aber nicht flächendeckendes Sparen, durch Steigerung der Einnahmen, wobei letztere die ungleich wichtigere Komponente war. Ihr diente der Ausbau des Steuersystems und anderer Finanzquellen, vornehmlich der von der ständischen Kontrolle weitgehend unabhängigen indirekten Abgaben, der Aufschläge, der Erträge aus dem Kammergut, aus Zöllen und Mauten, aus Regalien (s. S. 96f.). Dies steigerte die Kooperationswilligkeit der Stände sowie ihre Bereitschaft, direkte Steuern zu bewilligen und für Schulden und Zinsen zu bürgen und dadurch die Kreditwürdigkeit des Staates zu sichern. Zu letzterer trug auch wesentlich die Schaffung einer beträchtlichen finanziellen Reserve bei, die dem Herrscher unmittelbar zur Verfügung stand (s. S. 100f.).

Wirtschafts- und handelspolitisch handelte man nach den Maximen des Merkantilismus, also Erzielung abschöpfbarer Überschüsse aus einer aktiven Handelsbilanz, was Verminderung der Einfuhren bei gleichzeitiger Steigerung der eigenen Produktivität und Ausfuhren bedeutete. Hier wurden durch die währungspolitische Krise der 1620er Jahre und dem ab 1618 dauernden Kriegszustand und die damit verbundenen Verheerungen dem Wirken Maximilians freilich enge Grenzen gesetzt. Hauptmotiv und gewichtigster, schließlich auch die neu geschaffenen Kapazitäten heillos überfordernder Verwendungszweck der finanziellen Anstrengungen war militärische Stärke, zunächst als Drohpotential, dann aber drei Jahrzehnte lang im schwersten nur denkbaren Ernstfall.

Auch in der Organisation und Handhabung des Militärs war Maximilian auf strikte Durchführung der staatlichen Autorität bedacht, was auf Kosten der feudalen, kommunalen und privatunternehmerischen Traditionen der Heeresaufbringung ging. Trotzdem wurde er nicht zum Vater des stehenden bayerischen Heeres, da er nach Friedensschluß die Armee unverzüglich und vollständig auflöste, um sein erschöpftes Land zu entlasten. Die bayerische Armee des Dreißigjährigen Krieges mit ihren imponierenden Leistungen konnte auf diese Weise keine Kontinuität entwickeln.

Kontinuität entfaltete dagegen Maximilians großartige Tätigkeit als Bauherr und Auftraggeber bzw. Sammler bildender Kunst. Die Steigerung des fürstlichen Prestiges durch aufwendige Hofhaltung, Bau- und Kunstpolitik lag den meisten absolutistischen Herrschern am Herzen und hatte durchaus repräsentations- und damit machtpolitische Aspekte. Daß aber auch hier politische Funktionalität und persönliche Leidenschaft Hand in Hand gehen konnten, hat niemand besser bewiesen als Maximilian I. (s. S. 55f.).

DIENER DES STAATES: VERWALTUNG UND BEAMTENSCHAFT

Wie 200 Jahre später zur Zeit Montgelas‘ wies Bayern unter Maximilian I. Deutschland den Weg bei der Schaffung einer leistungsfähigen, disziplinierten Beamtenschaft. Die wachsenden Aufgaben des frühabsolutistischen Fürstenstaates mit seiner Fixierung auf fiskalische und militärische Herausforderungen machten eine effektive, von qualifizierten Beamten getragene Verwaltung unabdingbar. Das war mit Konzentration und Zentralisierung verbunden, die der Residenzstadt wachsende Bedeutung verliehen, denn alle wichtigen Ämter waren im unmittelbaren Bereich des Hofes untergebracht. Doppelfunktionen als Hof- und Staatsbeamte kamen bei den adeligen Würdenträgern häufig vor. Voraussetzung für Zuverlässigkeit war eine regelmäßige, wenn auch nicht gerade üppige Bezahlung. Bei Spitzenkräften konnte Maximilian I. allerdings ausgesprochen großzügig sein, da er ein unbedingter Anhänger des Leistungsprinzips war. Der Rest mußte im Rahmen der Sparpolitik mit knappen Besoldungen auskommen, zumal Maximilian die Naturalverpflegung bei Hofe abschaffte und durch Geldzahlungen ersetzte, die aber in einem ungünstigen Verhältnis standen zu der ständig steigenden Höhe der Münchner Lebenshaltungskosten. Das war einer der Gründe, die so manchen Adeligen vom Hofdienst fernhielten. Unter den hohen politischen Funktionsträgern, d. h. den Angehörigen der verschiedenen Ratskollegien, gab es mehr Reichsausländer als Einheimische, ein in vielen Staaten verbreiteter Zustand. In Bayern kamen sie überwiegend aus dem katholischen Schwaben. Im Hofrat, dem grundlegenden Gremium, unterschied man zwischen der Ritterbank, der die adeligen und patrizischen Räte angehörten, und der Gelehrtenbank, die von promovierten Juristen eingenommen wurde. Die an Bedeutung laufend zunehmende, da für die Finanzen zuständige Hofkammer, bestand ausschließlich aus bürgerlichen Aufsteigern, meist sogar ohne Doktorgrad.

Maximilian machte gleich bei Beginn seiner Alleinregierung klar, woher der Wind weht. In einer Ämtervisitation, der noch viele folgen sollten, wurde 1598 Mißständen nachgespürt, besonders der Korruption. Im Verdachtsfall verfügte man ein Inquisitionsverfahren. Es fand sich auch sofort ein prominentes Opfer, nämlich der Hofkanzler, der wegen irregulärer Geldannahme, die bisher üblich gewesen war, entlassen wurde. Das Exempel scheint gewirkt zu haben, denn in der Folgezeit hört man so gut wie nichts mehr von Bestechungsfällen. Angesichts des ausgefeilten Kontroll- und Bespitzelungssystems dürfte es schwerlich eine nennenswerte Dunkelziffer gegeben haben. Alle Beamten unterlagen einer kurzfristigen regelmäßigen Berichtspflicht über ihre Tätigkeit und die ihrer Kollegen, dere Ergebnisse von Maximilian persönlich kontrolliert und oft genug bissig kommentiert wurden. Aufgrund von Erfahrungen bei Visitationen ergingen Ratsordnungen, wo alle Pflichten genau beschrieben wurden. Grundsätzlich begegnete Maximilian seinen Beamten mit latentem Mißtrauen, das aber in großzügiges Vertrauen umschlagen konnte, wenn ein Mann sich bewährt hatte – was allerdings an sehr hohe Standards gebunden war.

Das oberste Kollegium war der Geheime Rat. Er war unter Wilhelm V. von den Landständen als Kontrollorgan initiiert worden, um das finanzielle Gebaren des Herzogs zu überwachen. Maximilian funktionierte ihn zu einem kooperativen Beratungsorgan um. Der vom Obersthofmeister geleitete Geheime Rat bestand aus etwa 20 Mitgliedern, vorwiegend Juristen, denen im aktuellen Bedarfsfall Fachleute zugeleitet werden konnten. Hatte er anfangs regelmäßig an den Sitzungen teilgenommen, tat Maximilian das in späteren Jahren nur mehr sporadisch. Er benutzte den Geheimen Rat nicht eigentlich als Kollegium, sondern als Reservoir von Experten, die er von Fall zu Fall konsultierte und von denen er Gutachten einforderte. Auch setzte er manche der Geheimen Räte im diplomatischen Dienst ein. Wie allen Kollegien war dem Geheimen Rat eine für die bürokratische und archivalische Abwicklung zuständige Kanzlei beigegeben. Ihr stand der Oberstkanzler vor.

Der vom Hofratspräsidenten geleitete Hofrat war vor allem für Rechtspflege und Rechtsprechung zuständig. Während die niedere Gerichtsbarkeit bei den Land- und Pflegegerichten lag, soweit sie nicht von der feudalen Gerichtsbarkeit der Hofmarksherren wahrgenommen wurde, und die mittlere Gerichtsbarkeit außerhalb des Rentamts München Sache der Rentamtshofgerichte bzw. der Rentmeister war, zog der Münchner Hofrat alle Fälle an sich, die privilegierte Personen betrafen oder von besonders gravierender Natur waren. Man bevorzugte den verkürzten summarischen Prozeß, um die Einschaltung von Reichsgerichten zu verhindern. Als Maximilian 1620 das *ius de non appellando* verliehen bekam, waren Berufungen bei Reichsorganen ohnehin nicht mehr möglich. Statt dessen wurde ein bayerisches Revisorium geschaffen.

Der Hofkammer, deren Personal im Gegensatz zum Hofrat ständig expandierte, oblag die Verwaltung des Kammerguts und die Interessenvertretung des Herzogs. Sie unterstand dem Hofkammerpräsidenten und war in Fachreferate gegliedert wie etwa die Salzdeputation und die Rechnungsdeputation. Sie wirkte als Schlüsselbehörde für die Finanz- und Wirtschaftspolitik und unterlag dementsprechend Maximilians besonderer Aufmerksamkeit.

Ferner gab es den Geistlichen Rat, der die Weltgeistlichen und die landständischen Klöster beaufsichtigte, und den Defensionsrat (später in Kriegsrat bzw. Hofkriegsrat umbenannt), dem die Verwaltung der Armee anvertraut war. Letzterer wurde nach Kriegsende und Abdankung der Streitmacht aufgelöst.

Die flächendeckende Durchsetzung der herzoglichen Rechtspflege, Innen- und Finanzpolitik war Sache der vier Rentämter. Außerhalb des Rentamts München fielen ihnen auch viele Funktionen der Hofkammer zu. Von besonderer Bedeutung waren die von Maximilian I. wieder ins Leben gerufenen Rentmeisterumritte. Die ab 1625 nicht mehr dem Hofrat, sondern der Hofkammer unterstellten Rentmeister visitierten dabei in regelmäßigem Turnus die Kommunen und niederen Gerichte und nahmen gewissermaßen ambulant Rechtspflege, Finanz- und Verwaltungskontrolle wahr.

»Wir werden über die maßen mit dem laboriren überhäuft, sonderlich bei einem fleißigen herrn, der tag und nacht keine ruhe sich gönnt, sich und andere consumirt.«

Ein bayerischer Beamter über Maximilian I. (nach Albrecht, Maximilian I., 174)

»...Der Durchleuchtigst fürst Herzog Maximilian in Bayrn etc., unser gdister [gnädigster] herr, verspüert ein geraume Zeit hero, wie bey dem Pauwesen [Bauwesen] in lenger in mehr es an der gebüerlichen notwendigen ordnung, dann auch an dem rechten ernst, und exequierung der arbeit nit wenig ermanglet, in deme was alles unordentlich, das hinder vor dem vordern bestellt, angriffen, uber die gebuhr langsam verfahren, offt an nowendigem beschaidt ermanglet, wol ein sach gar in vergessen gestellt, gemainickhlich aber, wann man gleich die arbeit angreiffen soll es wol an dem nötigisten requisito erwinden thuet, wie dann der teglichen exempel vil zuerzelen weren...damit man nit allain die sachen, wie bishero, zum andern oder dritten mal, wider, also aus einem Neuen ein flickhwerckh machen, was in 8 tagen sein khöndte, in drey wochen verrichte und zu dem unkhosten noch die zeit vergebens spendiert werden.«

Dekret Maximilians I. zu Mißständen im Bauwesen,
München, 22. September 1618

»Es ist zu erbarmen, daß so wenig Hirns in so dicken Köpfen.«
»Es mechten auch hierfüran die schriften, wie sie im gutachten nach einander geen, ordine wol auf einander gelegt und nit also durch einander puttert werden.«
»Das nutzlose Gewäsch ist zu unterlassen. Man macht die Leut mit so vieler unterschiedlicher und widerwärtiger Schreiberei nur irre.«
»Es ist ein Spott und zum Erbarmen, daß bei dem Kriegsrathe und der Kanzlei so gar kein Geheimb ist. ... wenn ich einen wieder ertappe, ich einemal einen Kriegsprozeß vornehmen und mit Würfeln spielen lassen werde, wer den Strick bezahlen soll [auswürfeln, wer gehängt wird, natürlich nicht wörtlich zu nehmen].«
»Die Commissarii tun und lassen, was ihnen gefällt; es ist vergeblich, noch irgend etwas zu befehlen.«

Randnotizen Maximilians I. an diversen Schreiben seiner Beamten
(nach Dokumente, Abt. I., Bd. 3, Teil 1, S. 653f.)

STAATSMANN UND GELEHRTER: Dr. Hans Georg Hörwarth (oder Herwarth) von Hohenburg d.Ä.

* 1553 (Augsburg), † 1622 (Aufkirchen)

Hörwarth war unter den politischen Mitarbeitern Wilhelms V. und Maximilians I. gewiß die vielseitigste und eigenwilligste Erscheinung. Er war der Sohn des bayerischen Hofratspräsidenten Hans Paul Hörwarth von Hohenburg, der aus einer Augsburger Patrizierfamilie stammte und die Herrschaft Hohenburg bei Lenggries erworben hatte. Hans Georg promovierte in Ingolstadt zum Doktor der Rechte. Seit 1577 befand er sich abwechselnd als Hofrat in herzoglichen Diensten oder als Assessor des Bayerischen Kreises am Reichskammergericht in Speyer. 1587 wurde er Kanzler der bayerischen Landschaft, drei Jahre später kehrte er als Oberstkanzler der Kanzlei des Geheimen Rates in landesherrliche Dienste zurück. Als Leiter des Finanzausschusses hatte er sich 1593 mit den Kontroversen zwischen Herzog und Landschaft zu befassen. Der Wechsel zwischen landesherrlichem und landschaftlichem Dienst entsprach dem unabhängigen selbstbewußten Sinn Hörwarths und machte ihn zum idealen Mittler zwischen den Positionen, was von Maximilian genutzt wurde, um über Hörwarth seinen Vater zu nötigen Schritten bis hin zur Abdankung zu veranlassen. Nachdem dieses Ziel erreicht war, wurde Hörwarth wieder Landschaftskanzler und blieb es bis zu seinem Tod. Er wirkte wesentlich an den Hofstaatsreformen des jungen Herzogs mit und sorgte für eine kooperative Haltung der Landstände. Er gehörte maßgeblich zu der Gruppe von Politikern, die entschieden gegen Hexenverfolgungen auftraten.

Hörwarth betätigte sich neben seiner politischen Karriere als vielseitiger Gelehrter im Sinn des Späthumanismus. Seine Interessen galten besonders der Philologie, vor allem der griechischen, der Geschichte, der Geographie, der Mathematik und der Astronomie. Er stand in Korrespondenz mit führenden Wissenschaftlern seiner Zeit wie dem Leidener Altphilologen und Historiker Joseph Justus Scaliger und dem Astronomen Johannes Kepler. Er veröffentlichte 1611 ein großes mathematisches Werk (*Tabulae arithmeticae*) und katalogisierte die griechischen

Handschriften in den Hofbibliotheken von München und Heidelberg. Maximilian I. war offensichtlich von den zeitaufwendigen Nebeninteressen seines Oberstkanzlers nicht sonderlich begeistert, denn in einer Instruktion für seinen Nachfolger heißt es, dieser solle sich »anderer studien und occupationen, die zur regierung land und leut wenig oder gar nichts nuzen«, enthalten.

Hörwarths gleichnamiger Sohn (1588–1657) wurde sein Nachfolger als Landschaftskanzler, ging aber ab 1628 zugleich in kurfürstliche Dienste, wurde 1637 Geheimer Rat und nahm auch diplomatische Aufgaben wahr.

DER KRONJURIST: Dr. Wilhelm Jocher, ab 1590 Herr von Egersberg

* 1565 (Mauterndorf bei Salzburg), † 1636 (München)

Jocher war weniger Politiker und Diplomat als Jurist, vor allem ein Spezialist im Reichsrecht, dessen Rat auch in Wien gesucht wurde. Durch seine Gutachten in vielen wichtigen Fragen wirkte er kräftig auf die Politik ein. Die Familie stammte ursprünglich aus der Gegend des Kochelsees. Der in ein bäuerliches Milieu geborene Vater Christoph war im Salzburgischen durch Aktivitäten im Bergbau vermögend geworden und 1590 in den Adel aufgestiegen. Jocher studierte gleichzeitig mit Erbprinz Maximilian in Ingolstadt, wo er 1592 zum Dr. iur. promoviert wurde. Anschließend vertrat er den Bayerischen Kreis beim Reichskammergericht in Speyer. 1604 nahm ihn Maximilian I. mit einem außergewöhnlich hohen Gehalt in seine Dienste, zunächst als Pfleger von Dachau, ein Ort, dem Jocher auch weiter verbunden blieb, und »Rat von Haus aus«, ab 1611 als Geheimer Rat. Jocher war entschiedener Vertreter des gemäßigten, pragmatischen Flügels im Rat, dem auch Hörwarth, Richel, später Kurz von Senftenau und Maendl angehörten. Das brachte ihn wiederholt in Konflikt mit dem extremistische katholische Positionen vertretenden Beichtvater Maximilians Adam Contzen und dem in die gleiche Richtung wirkenden Hofkanzler und Geheimen Rat Dr. Jochen Sigmund Wagnereck. Streitpunkte waren u. a. die Hexenfrage und das Problem, ob man der pfälzisch-protestantischen Partei territoriale Zugeständnisse machen dürfe, um einen definitiven Frieden zu erreichen. Das brachte ihm und seinen Gesinnungsgenossen von Contzens Seite den Vorwurf ein, unkatholische, machiavellistische »Politici« zu sein, die am Rande der Exkommunikation stünden. In Denkschriften, vermutlich von Jocher verfaßt, setzten sich diese mit beißender Ironie zur Wehr, wobei sie den Vorwurf des Machiavellismus zurückgaben und Contzen einen »Theopoliticus« nannten (s. S. 51f.). Ab 1630 zog sich Jocher aus gesundheitlichen Gründen von den Geschäften zurück.

DER MEISTERDIPLOMAT:
Lic. iur. Bartholomäus Richel (oder Rüchel)

*1580 Neufra (Oberschwaben), †1649 (München)

Der Schwabe Bartholomäus Richel war der vielleicht geschickteste und meistbeschäftigte Diplomat Maximilians und absolvierte unzählige Reisen, um Verhandlungen auf Liga- und Kurfürstentagen und an fremden Höfen zu führen. Er begleitete den Kurfürsten auch ins Feld. Nach dem üblichen Jurastudium in Ingolstadt trat Richel 1605 zunächst in fürstbischöflich-eichstättische Dienste und brachte es rasch bis zum Kanzler. Nachdem seine Frau den Hexenjagden des Bischofs zum Opfer gefallen war, wechselte Richel 1621 als Hofrat in bayerische Dienste über. Zwei Jahre später wurde er Vizekanzler der Geheimen Kanzlei, 1625 Wirklicher Geheimrat und 1640 Geheimer Ratskanzler, ein speziell für ihn neu geschaffenes Amt, da der Posten des Oberstkanzlers durch den schon lange dienstunfähigen Joachim von Donnersberg blockiert war. Auch Richel gehörte zu den gemäßigten »Politici«, war – aus besonders gutem Grund – ein entschiedener Gegner der Hexenprozesse und tendierte zu einer frankophilen Außenpolitik.

POLITIKER UND OBERSTER HOFBEAMTER:
MAXIMILIAN KURTZ (ODER KURZ) VON SENFTENAU, SEIT 1638 REICHSGRAF VON VALLEY

*1595 (München), †1662 (München)

Kurtz von Senftenau war im letzten Regierungsjahrzehnt des Kurfürsten zusammen mit dem Hofkammerpräsidenten Maendel der mächtigste Beamte in München, wobei er politische und

Hofämter miteinander verband. Die ursprünglich aus Südtirol stammende Familie hatte sich in Schloß Senftenau bei Lindau niedergelassen. Der Vater Philipp war bereits Frauenhofmeister Herzogin Elisabeths gewesen, der Onkel Jakob Reichsvizekanzler Kaiser Rudolfs II. Die enge Verbindung mit dem habsburgischen Hof blieb auch für Maximilian Kurtz bestimmend, stand doch sein älterer Bruder Ferdinand Sigmund seit 1625 in den Diensten Kaiser Ferdinands II. und bekleidete ab 1637 das Amt des Reichsvizekanzlers. Maximilian Kurtz studierte in Ingolstadt Jura, ging 1618 als Truchseß an den bayerischen Hof und stieg in den Folgejahren zum Wirklichen Geheimen Rat und Oberstkämmerer auf. Mit letzterem Amt hatte er die oberste Charge am Hof inne und war auch Vorsitzender des Geheimen Rates (ab 1643). Als die lange unbesetzte Stelle des Obersthofmeisters 1648 reaktiviert wurde, ging sie an Maximilian Kurtz, obwohl sie normalerweise Angehörigen des Hochadels vorbehalten war. Kurtz war innen- wie außenpolitisch vielfach einsetzbar und nahm auch diplomatische Aufgaben wahr. Der Kurfürst bestimmte ihn testamentarisch zum Mitglied des Regenschaftsrates für seinen Sohn. In den 1650er Jahren wurde er zum bestimmenden Mann am bayerischen Hof. Wie die meisten Juristen und »Politici« im Geheimen Rat vertrat er in konfessionellen Fragen einen gemäßigten, pragmatischen Standpunkt. Kurtz von Senftenau war eine imposante, bemerkenswert unabhängige Persönlichkeit. Das ging so weit, daß er zwei Wachsbüsten

Brustportrait des Obersthofmeisters Maximilian Kurtz von Senftenau, Reichsgrafen von Valley. Kupferstich von Pieter de Jode d.J., 1658.

Gustav Adolfs erwarb und zu Philipp Hainhofer 1636 bemerkte, »daß, außer der religion, diser König der heroischte Fürst, den ihemalen [jemals] die sonnen beschinen, gewesen seye.«

EIN VIELSEITIGER AUFSTEIGER: Dr. Johann Maendl (oder Mändl / oder Mandl), ab 1653 Reichsfreiherr von und zu Deutenhofen

*1588 (Günzburg), †1666 (München)

Maendl wurde neben Kurtz von Senftenau zum wichtigsten bayerischen Politiker im letzten Regierungsjahrzehnt Maximilians I. Er hatte in Ingolstadt und Italien studiert, in Perugia promoviert. 1614 trat er als Hofkammeradvokat in bayerische Dienste. Ab 1617 bekleidete er die Stellungen eines Archivars und eines Geheimsekretärs. 1633 wurde er Hofkammerpräsident und 1634 Geheimer Rat. Er galt als Finanz- und Militärverwaltungsexperte, fand aber auch in diplomatischen Diensten Verwendung. So nahm er zahlreiche Missionen an den kaiserlichen Hof wahr und war bayerischerseits maßgeblich am Zustandekommen des Westfälischen Friedens beteiligt. Maendl betätigte sich ferner als Publizist und verfaßte gemeinsam mit Maximilian dessen Testamente. Nach dem Tod des Kurfürsten gehörte er dem Administrationsrektorat an. Maendl brachte es zu großem Reichtum und erwarb etwa 20 Hofmarken und Edelsitze. Im Jahrzehnt nach Maximilians Tod kam es 1662 aus nicht näher bekannten Gründen zu einem Untersuchungsausschuß gegen den inzwischen geadelten Maendl wegen Amtsmißbrauchs und Unterschlagung, was ihm eine glimpfliche Geldstrafe und den Verlust seiner Ämter eintrug. Trotz dieses unschönen Ausklangs darf Maendl als Musterbeispiel des bürgerlichen Aufsteigers gelten, der ein tragendes Element bei der Schaffung des absolutistischen Verwaltungsstaates wurde.

6 Landstände und Finanzen

»Ich siche halt, das sowohl bej geistlichen als weltlichen nur auf die ragion di stato [staatsraison] gesechen wirdt und das der respectiert wirdt, der vil land oder vil gelt hatt, und dieweil wir deren khains, so werden wir sowol bey den Welschen [Italienern] als andern nimmermehr khein authoritet haben, bis wir doch in geltsachen uns besser schwingen, und wirdt gewiß daran alles gelegen sein, wie mich dann gedunkht [gedünkt], es soll diss werkh uns ursach geben, auf dise geltsachen eusserist acht zu geben, und da wir da wol stehen [wohl stehen], so werden wir den geltgeizigen Welschen wenig, sondern sie uns nachlauffen.«

Maximilian an seinen Vater, 21. Juni 1598 (nach der bayerischen Niederlage im Kampf um die Nachfolge im Hochstift Passau)

DIE LANDSTÄNDE

Neben dem Fürsten und seiner Verwaltung wurden die öffentlichen Belange von der »Landschaft« gestaltet, der Vertretung der drei privilegierten Stände, des Adels, der Prälaten und des städtischen Bürgertums. Die große Masse der Bevölkerung, die Bauern, die ländlichen und städtischen Unterschichten, besaßen keine Repräsentation. Das war mit kleinen Unterschieden überall im Reich so. Bei der Zusammenarbeit der landesherrlichen Regierung mit der Landschaft handelte es sich nicht um eine Herrschafts-, sondern um eine Funktionsteilung. Legislative und Exekutive lagen, zumindest theoretisch, überwiegend beim Fürsten. Maximilian bestritt allerdings den Ständen, einen Rechtsanspruch zu besitzen, an der Gesetzgebung mitzuwirken. Die Macht der Landstände war in ihrem Steuerbewilligungsrecht begründet, das es ihnen ermöglichte, die Übernahme landesherrlicher Schulden und die Absegnung von Steuern an Bedingungen zu knüpfen.

Das Staatswesen der Frühneuzeit war geprägt vom Übergang vom Domänen- zum Steuerstaat. Im Mittelalter bestritt der Fürst seine Ausgaben hauptsächlich aus seinem eigenen Besitz, den Domänen (»Kammergut«). Das waren vor allem die Abgaben der Bauern, die auf dem Landbesitz der herrscherlichen Familie (»Urbarsgut«) wirtschafteten. Dazu kamen die Regalien, in Form von Gebühren an abschöpfbaren Rechten, die dem Landesherrn auf Dauer überlassen waren, etwa im Bergbauwesen oder in Form von Mauten und Zöllen. Von großer Bedeutung war, daß es bereits Wilhelm IV. gelungen war, die sehr lukrative Salzgewinnung in Reichenhall und den Salzhandel an sich zu ziehen und zu einem herzoglichen Regal zu machen. Ähnlich verfuhr Maximilian I. ab 1602 mit seinem neuen Weißbiermonopol (s. S. 97f.). Den Regalien zur Seite standen die sogenannten Aufschläge, eine indirekte Verbrauchssteuer, die zunächst auf alkoholische Getränke erhoben wurde, später auch auf andere Lebensmittel. Zunächst wurden die Aufschläge nur zeitlich begrenzt von den Ständen bewilligt, doch mit der Zeit wurden sie zum Gewohnheitsrecht und wandelten sich damit zu einem Regal. Der systematische Ausbau der indirekten Steuern war im Sinn des Landesherrn, denn sie förderten seine Unabhängigkeit von den Ständen.

All diese Einnahmequellen genügten aber nicht, sobald außergewöhnliche Ausgaben anfielen, etwa bei Krieg oder Kriegsgefahr. Überhaupt zog der Fürst im 16. und 17. Jahrhundert immer mehr Aufgaben an sich und baute seine Verwaltung aus, wofür gleichfalls mehr und mehr Mittel benötigt wurden. Dazu kamen die wirklichen oder eingebildeten Sachzwänge der miteinander konkurrierenden fürstlichen Repräsentationsbedürfnisse in Gestalt einer aufwendigen Hofhaltung und großer Bauprojekte. Reichten das Kammergut und die indirekten Steuern nicht aus, dann mußte der Herrscher seine Landstände versammeln und sie um die Bewilligung einer Steuer bitten, die gewöhnlich nur einmalig gewährt wurde. Es konnte sich um eine Landsteuer handeln, die von den nicht vertretenen Bevölkerungsschichten, vor allem den Bauen, zu zahlen war, oder um eine Standsteuer, welche die privilegierten Stände traf, aber sehr viel geringer zu sein pflegte. Um das langwierige Gefeilsche zu umgehen, schufen die Fürsten oft genug einfach vollendete Tatsachen, indem sie Schulden aufnahmen, die sie nachträglich der Landschaft zur Deckung vorlegten. Wenn das gewisse Dimensionen überschritt, hing die Kreditwürdigkeit eines Herrschers davon ab, in welchem Maß seine Stände bereit bzw. in der Lage waren, Schulden und Zinsen zu übernehmen. War das nicht mehr zu erreichen, dann drohte ein Staatsbankrott. Das waren die Verhältnisse, die zum Dauerkonflikt Albrechts V. und Wilhelms V. mit ihren Ständen führten und den letzteren schließlich zur Abdankung veranlaßten.

Im allgemeinen waren die Stände kooperationswillig, erwarteten aber ein berechenbares diszipliniertes Verhalten des Fürsten, zu dem Wilhelm V. eben nicht zu bringen war, das die Stände aber dem Sohn zutrauten und darin nicht enttäuscht wurden. Erstmals verhandelte Maximilian auf dem Landshuter Landtag von 1593/1594 mit den Ständen. Er erzielte hier bereits zukunftsweisende Ergebnisse. Da sein Vater sich wohlweislich zu einer Wallfahrt nach Altötting verabschiedet hatte, agierte der Erbprinz allein auf sich gestellt. Er brachte die Stände zur Übernahme der Schulden, ließ sich aber auf keine Bedingungen ein. Schließlich bewilligte der Landtag 8 Land- und 4 Standsteuern im Voraus für die nächsten zwölf Jahre, wobei eine Steuer als Berechnungseinheit auf 100.000 Gulden festgelegt war. Wilhelms Schulden lagen mittlerweile allerdings bei 4,7 Millionen Gulden. Bahnbrechend war, daß auf Betreiben Maximilians der Landtag erstmals einen Ausschuß ernannte, der in den Jahren zwischen den Landtagen im Namen der Landschaft handeln und weitere Steuern bewilligen konnte, die sog. Landschaftsverordnung. Mit dieser war leichter umzugehen als mit dem ganzen Landtag, dessen Position dadurch letztlich geschwächt wurde. Dieses Zugeständnis wurde den Abgeordneten durch die Tatsache erleichtert, daß die Besuche des Landtages zeitraubende und aufwendige Angelegenheiten waren, weshalb viele Ständevertreter gar nicht zu erscheinen pflegten. Günstig für die Argumentation des Erbprinzen war auch, daß gerade der »Lange Türkenkrieg« ausgebrochen war, in den er sogar persönlich an der Spitze der bayerischen Truppen zu ziehen gedachte – was er dann doch nicht tat. Die Türkenkriegsgefahr wirkte, wie auch auf Reichsebene, stets disziplinierend und machte die Stände spendabel. Am 11. Januar 1594 kam der Landtag noch einer weiteren Funktion nach, indem er als Vertretung des Volkes Maximilian die Eventualhuldigung als künftigem Herzog leistete.

Der Landtag von 1605 in München war besonders schlecht besucht. Die Landstände zeigten sich bereit, wegen des immer noch andauernden Türkenkrieges 500.000 Gulden für die Landesdefension, verteilt über die nächsten sechs Jahre zu übernehmen. Ferner wurden für den gleichen Zeitraum vier Land- und zwei Standsteuern sowie eine Erhöhung der Aufschläge zugestanden, insgesamt 625.000 Gulden pro Jahr. Auf dem Landtag von 1612 erhielt Maximilian für die nächsten neun Jahre sechs Land- und drei Standsteuern bewilligt. Seinerseits verlangte er, daß die Stände ihre Finanzen offenlegten, womit sie ihre Selbständigkeit verloren, und erklärte ihnen, ihre Rechte seien an sie vom Landesherrn delegiert, der deshalb von Rechts wegen einen Anspruch auf Steuern habe. Damit wurde aus der ständischen eine landesherrliche Steuerhoheit. Es war der letzte Landtag in der Regierungszeit Maximilians. Von da an verhandelte er nur noch mit der recht gefügigen Landschaftsverordnung. Auf dem Höhepunkt der Schwedenkrise sah er sich sogar berechtigt, die Landtagskasse einfach zu beschlagnahmen.

»Daher wir gleich zu Anfang und während unserer Regierung darauf acht hatten und handelten, daß wir nicht Ursach hatten oder, wie das bei einigen früheren landtsfürsten geschah, gezwungen wurden, der landtschafft in die händt zu sehen, ihres willens zu sein und iren unzimblichen anmaßungen oder praetensionen nachzugeben: sondern wir haben sye in die schrancken der billichkeit, gebührenden respects und gehorsambs gebracht und darin erhalten, welches als ein sonderbares secretum gubernationis [Geheimnis der Regierung] eines landtsfürsten vor allem wol zu beachten und mit vleißiger angelegenheit darob zu halten.«

Maximilian I. in seinen »Treuherzigen Väterlichen Lehrstücken«, 1650 (Dokumente I, 3, 1284f.)

»Mit vnd neben dem Camerwesen hat ein wohlhausender Landtsfürst sein Landtschafft in sonderbare obacht zunemmen… in deme die Landt Stendt Ir libertet, privilegien vnd Freyheiten jederzeit zu vermehren vnd zuextendiren, auch sich der Burden, Steürn, anlaagen vnd dergleichen, welche man einem Landtsfürsten von Rechts wegen schuldig ist, zuentziechen vnd aufs wenigst diesselben zuringeren durch allerhand mitl vnd weeg suechen… Deßwegen dan auch

nit rhatsamb, ohne hochtringende vrsachen Landtäg zuhalten, weiln bey denselben mehrern thails nur grawamina vnd neue praetensiones von den Stendten vorgebracht werden.«

Maximilian I., »Die Notwendige treuherzige Information« für seine Gemahlin und seinen Nachfolger, München 13. März 1651 (Dokumente I/Bd. 3, Teil 2, S. 1291)

Die durchschnittlichen jährlichen Einkünfte Maximilians I. in den Jahren 1607–1618 (ohne Personal- und Sachausgaben):

• Kammergut und Regalien	484.000 Gulden
• Steuern und Anlagen	794.000 Gulden
	1.278.000 Gulden

Davon fallen auf

• Aufschläge	34,8 %
• Landsteuer	22,3 %
• Salz	20,6 %
• Amtsgefälle incl. Zölle	16,7 %

Zählt man Zölle und Aufschläge zu den indirekten Steuern, dann ergeben sich

• Indirekte Steuern	40,8 %
• Direkte Steuern	25 %

Nach Rudolf Schlögl, Bauern, Krieg und Staat, 219 und 388

»Mich hat mörkhlich geholfen ein steiffes propositum, alle unnothwendikheiten abzustellen, item daß ich selbst zu meinen sachen gesehen, und was ich für mengl dabei gefunden, geandet, bericht genommen, der sachen remediert, auch den mittlen, das einkhommen debito modo [in vertretbarer Weise] zu verbössern, selbst nach gedacht; und ist in hac materia [in dieser Materie] das sprichwort ganz wahr: oculus domini saginat equum [das Auge des Herrn mästet das Pferd, Aristoteles]. Ess wird das maiste an I.mt. [ihrer Majestät] resolution selbst gelegen sein, daß sie gedenkhen, daß die rehte reputation und grandezza nit in dem spendiern, sondern in

dem wolspendiern und gespärikheit [Sparsamkeit] stett [besteht]; dann vil khlaine machen ein groß und von vilen hunderten entspringen vil tausent und auss den tausenten werden die milliones, und ein fürst, so nit bei dieser bösen welt reich ist, der het khein authoritet noch reputation, und wo dise zwey nit sein, da muß das publicum [das öffentliche Wohl] bruchen [Bruch] leyden…«

*Maximilian I. an Königin Margarete von Spanien in Beantwortung ihrer Bitte, ihr die Geheimnisse seiner Finanzpolitik zu verraten, 15. Januar 1611 (mit dem Zusatz »*in secreto *und für sie allein«)*

TRINKEN FÜR DEN LANDESHERRN: DAS WEISSBIERMONOPOL

Das in Altbayern Weißbier genannte Weizenbier gilt als das bayerischste aller Biere. Ursprünglich handelte es sich um eine böhmische Spezialität, die bis ins späte 16. Jahrhundert in Bayern nur in dem an Böhmen grenzenden Gebiet zwischen Donau und Bayerischem Wald eine gewisse Rolle spielte und im Rest des Landes von Albrecht V. regelrecht verboten worden war, da es als ungesund und süchtigmachend galt und dafür kostbarer Brotweizen verschwendet wurde. Das sollte sich unter Maximilian I. ab 1602 gründlich ändern.

Bis ins ausgehende 16. Jahrhundert konsumierte man im Herzogtum mehr Wein als Bier, der Weinanbau war bis ins Alpenvorland weit verbreitet. Um 1590 setzte aber eine vielfach bemerkbare Klimaverschlechterung ein, eine Abkühlung, nicht etwa eine Erwärmung. Dazu kam, daß infolge der landesherrlichen Reinheitsgebote – das berühmte Gebot von 1516 bildete nur den landesweiten Abschluß einer Reihe von Vorläufern – die Qualität des Bieres sich merklich verbesserte. Damit setzte ein Konsumwandel ein, der aus Bayern im Lauf des 17. Jahrhunderts ein Bierland machte. Seit dem Hochmittelalter trank der Landesherr gewissermaßen mit, indem auf alkoholische Getränke, gleich welcher Art, eine indirekte Steuer, der sog. Aufschlag, erhoben wurde. Dieser war jedoch nicht leicht zu kontrollieren. Weit gewinnträchtiger war es, wenn der Fürst selbst als Unternehmer auftrat und den ganzen Erlös in seine Tasche wirtschaftete in Gestalt eines landesherrlichen Monopols, eines Regals, möglichst unter Ausschaltung jeder Konkurrenz. Mit dem bereits landesweit von zahlreichen lizenzierten Brauereien produzierten Gerstenbier (»Braunbier«) war das nicht mehr möglich, aber mit dem Weißbier betrat man unternehmerisches Neuland, das enorme Ausbaumöglichkeiten bot, ein Umstand, der schon die Aufmerksamkeit Wilhelms V. erregt hatte, der übrigens ein begeisterter Biertrinker war, und den Maximilian I. sich schon bald nach Regierungsantritt mit der ihm eigenen Konsequenz zunutze machte.

Zur Beschaffenheit der damaligen Biere. Das Braunbier bestand aus leicht geröstetem Gerstenmalz – daher die braune Farbe –, Hopfen und Wasser und wurde in der untergärigen Brauweise hergestellt, was nur bei Temperaturen unter 9°C. möglich war, also im Winter (»Winterbier«). Im März braute man ein stärkeres und daher haltbareres Bier ein (»Märzen«), das »Sommerbier«, um es über die heiße Jahreszeit zu bringen. Bei allen Bieren war aus Haltbarkeitsgründen der Hopfenanteil deutlich höher als heute, sie hatten also einen bittereren Geschmack. Eine qualitätvolle eigene Hopfenproduktion existierte in Bayern damals noch nicht, so daß der größte Teil dieser Zutat aus Böhmen importiert werden mußte. Beim Weißbier wurde dagegen ungeröstetes Weizenmalz verwendet, die Brauweise war obergärig und konnte auch im Sommer praktiziert werden. Wegen der hellgelben Farbe nannte man das Getränk »Weißbier«, in Relation zum dunkleren »Braunbier«. Wegen des kostspieligeren Weizens war das Weißbier teurer und galt als Qualitätsprodukt, das ständiger strenger Kontrollen bedurfte.

Im Lauf des 16. Jahrhunderts hatten sich in Bayern nördlich der Donau die Adelsfamilien Degenberg und Schwarzenberg Privilegien für das Weißbierbrauen verschafft. Gegenüber ersteren besaß der Herzog dank einer Hypothek eine Art Vorkaufsrecht, das er beim Aussterben der Familie 1602 sofort geltend machte. Noch bevor alle rechtlichen Fragen geklärt waren, begann Maximilian I. in den drei Degenberger Brauereien in eigener Regie Weißbier herzustellen. Die Schwarzenberger Anlagen kaufte er auf, an etlichen kommunalen Brauereien beteiligte er sich unter Einbringung der Weißbierproduktion, vor allem aber errichtete er neue Brauhäuser in München, Traunstein und Kelheim, später noch an anderen Orten. Überragend war die Bedeutung des Münchner Brauhauses, das schon bald etwa die Hälfte der Erträge aller herzoglichen Anlagen erwirtschaftete. Anfänglich produzierte man in dem von Wilhelm V. im Alten Hof für die Herstellung von Braunbier eingerichteten Hofbräuhaus im Tag-/Nacht-Wechsel beide Bierarten. 1607 wurde die ausschließliche Weißbierbrauerei in einen Neubau am Platzl verlegt, an der Stelle, wo sich seit 1897 das heutige Hofbräuhaus befindet.

Die Produktion war sichergestellt, doch mußte gleichzeitig die Konkurrenz ausgeschaltet werden. Den verstreuten, rechtlich nicht gut abgesicherten Weißbierbrauern in Niederbayern wurde ihr Gewerbe verboten, der Import auswärtigen Bieres, gleich welcher Art, war ohnehin untersagt. Untertanen, die zum Biergenuß die Grenzen überschritten, etwa nach Freising, machten sich strafbar. Sommerbraunbier durfte nicht mehr hergestellt werden, denn gerade zur heißen Jahreszeit fand das erfrischende Weißbier reißenden Absatz. Auch der Weinkonsum wurde nach Kräften bekämpft. Auf den Landtagen von 1605 und 1612 gab es heftigen, doch vergeblichen Widerstand der Stände gegen diese Maßnahmen, durch die nach Salzproduktion und Salzhandel ein weiterer lukrativer Wirtschaftszweig verstaatlicht wurde.

Das Weißbiermonopol erwies sich als großer Erfolg und wurde unter der Regie der Hofkammer zu einer der wichtigsten fürstlichen Einnahmequellen. Während die Erträge aus dem Salzmonopol stagnierten und schließlich sogar sanken, stiegen die aus dem Weißbiermonopol von etwas über 4 % der Kammereinnahmen im 1. Jahrzehnt des 17. Jahrhunderts bis zum Ende der Regierungszeit mit etwa 200.000 Gulden auf 20 % und waren dabei, die Salzerträge zu überrunden.

»... was vnns an vmserm weißen Preuwesen gelegn vnd wie hoch es vonnöten, dasselbiges mit sonderm fleiss vnd aufmerckhsamkhait dirigiert vnd in steter obacht gehalten werden soll vnd muess. So wir dann bei demselben steiff zubeharren gedenckhen.«

Instruktion Maximilians I., 1617 (nach Gattinger, Bier und Landesherrschaft, 319)

Nervus rerum:
Kriegsfinanzierung und Geheimer Vorrat

Maximilan I. wußte, daß nur ein finanzstarker Staat im Krieg bestehen konnte. Da zu erwarten war, daß ein schwerer Konflikt von längerer Dauer die von der Landschaft aufgebrachten Steuern und die Einnahmen des herzoglichen Hofzahlamts aus den Kammergefällen, Aufschlägen usw. aufs äußerste strapazieren, womöglich überfordern werde, trug der Herzog mit großer Konsequenz einen »Geheimen Vorrat« (»*propria cassa*«) zusammen, der in zwei Schatzgewölben der Burg von Burghausen lagerte. Einen solchen Vorrat hatte schon sein Großvater Albrecht V. für den Fall der »gemeinen Landnot« angelegt. Er belief sich bei dessen Tod auf 715.000 Gulden. Durch vielfach nicht der Bestimmung entsprechende Verwendung hatte sein Sohn Wilhelm V. diese Summe bis auf den kümmerlichen Rest von 1.200 Gulden ausgegeben, als er die Regierung seinem Sohn übergab, erteilte diesem aber testamentarisch den Auftrag, den Schatz wieder aufzufüllen. Maximilian reservierte bestimmte Einnahmen wie die aus dem Halleiner Salzgefälle oder aus dem Weißbiermonopol für den Geheimen Vorrat. 1612 war die alte Höhe nicht nur erreicht, sondern übertroffen mit weiter steigender Tendenz. Obwohl er erhebliche Summen während der Schwedennot 1632–1634 dem Schatz entnommen hatte, war er 1634 in der Lage, 900.000 Gulden an ein Florentiner Bankhaus zu verleihen, um Zinserträge zu erzielen. Davon rief er zwar 300.000 Gulden nach einiger Zeit wieder ab, doch noch 1647 befand sich ein »schazgelt« von 600.000 Gulden in Florenz, während in den Gewölben von Burghausen ein »Vorrath« von 1,2 Millionen Gulden lagerte. Damit ergab sich eine Reserve von 1,8 Millionen, die dem Herzog gegen Ende des Krieges noch zu freier Verfügung stand. Das heißt aber keineswegs, der bayerische Staat habe damals einen ausgeglichenen Haushalt und keine Schulden gehabt, so daß der Vorrat ein echtes Plus dargestellt hätte.

Der Vorteil dieser erheblichen Barsumme bestand darin, daß der Kurfürst dadurch seine Kreditwürdigkeit stärkte und für gezielte Zwecke erhebliche Mittel unmittelbar einsetzen konnte. Er ließ im Januar 1647 im Geheimen Rat diskutieren, ob man den Schatz für erneute kriegerische Anstrengungen verwenden oder in Reserve halten sollte für die Abdankung der Armee und die Wiederaufbauarbeit im Lande. Man entschloß sich für letzteres, da an eine grundlegende Veränderung der Kriegslage niemand mehr glaubte. Die Abdankung der Armee stellte für alle Kriegsbeteiligten und ganz besonders für die Schweden ein riesiges Problem dar, dessen Lösung sich Jahre hinzog und hauptsächlich dafür verantwortlich war, daß nicht schon vor 1648 Friede geschlossen werden konnte. Da alle Mächte sich im Lauf des Krieges finanziell enorm übernommen hatten, hatten sich riesige Soldrückstände angesammelt, die die Soldaten bei Kriegsende einfordern würden. Außerdem erwarteten sie eine Abfindung von mehreren Monatssolden, denn Friede bedeutete für sie vorerst einmal Arbeitslosigkeit. Daß Maximilian die 20.000 Mann starke bayerische Reichsarmada unverzüglich in Höhe von drei Monatsolden auszahlen konnte, war nur mittels des Geheimen Vorrats möglich, denn die Landschaft erklärte sich für zahlungs- und kreditunfähig. Während der Krieg bis zum Prager Frieden 1635, also im Lauf von 16 Jahren, Bayern fast 32 Millionen Gulden gekostet hatte (s. S. 107), beliefen sich die Kosten für die 13 Jahre bis zum Westfälischen Frieden 1648 »nur« mehr auf 9 Millionen. Generell schrumpften in der Schwedisch-Französischen Phase infolge der sich verknappenden Ressourcen die Armeestärken, die Höhe der nicht ausbezahlten Summen, also die Verschuldung stieg. Wie Cordula Kapser dargelegt hat, standen 1643 bayerischen Staatseinnahmen von 1,4 Millionen Gulden Kriegskosten in Höhe von 577.000 gegenüber. 1647 verbesserten sich die Einnahmen erstaunlicherweise auf 1,8 Millionen, doch die Kriegskosten steigerten sich auf 1,7 Millionen. Da sich ein immer

bedrohlicherer Berg an Schulden und Zinsen angehäuft hatte und der Staat auch noch andere Aufgaben neben der Kriegführung zumindest notdürftig wahrnehmen mußte, war der Krieg nicht mehr führbar. Das Land wäre gänzlich am Ende gewesen, hätte Maximilian nicht seine Geldreserve einbringen können. 1636 hatten sich bereits die Staatsschulden auf 8,4 Millionen Gulden belaufen, wovon fast die Hälfte das Kriegszahlamt betraf. 1643 schuldete die Landschaft den bayerischen Klöstern 3 Millionen Gulden. Eine genaue Untersuchung der bayerischen Gesamtverschuldung im Dreißigjährigen Krieg steht noch aus.
Auch ist zu berücksichtigen, daß sich in den letzten Kriegsjahren die Operationen wieder vermehrt auf bayerischen Boden verlagerten. Abgesehen von den ungeheuren Schäden, die der Feind anrichtete, konnte man die Kosten für Quartier und Verpflegung, möglichst auch die Besoldung nicht mehr außerbayerischen Territorien aufbürden, sondern mußte sie selber tragen. Nicht umsonst versuchte jede kriegführende Partei, *sedem belli*, den Sitz des Krieges, unbedingt von den eigenen Territorien fernzuhalten. Im Wesentlichen lebten die Armeen des Dreißigjährigen Krieges davon, daß sie besetzte Gebiete systematisch aussogen, möglichst feindliche, notfalls aber auch befreundete. Das hatte im Winter 1633/1634 den bayerischen Bauernaufstand zwischen Isar und Inn ausgelöst, der sich gegen die schweren Übergriffe der hier einquartierten Truppen der eigenen Seite richtete, der Ligisten und Spanier, und den Maximilian trotz deutlich geäußertem Verständnis für die Bauern schließlich mit Härte niederwerfen lassen mußte. Bis zum Ende des Krieges gab es Befürchtungen, solche Zwischenfälle könnten sich wiederholen.

7 Die Katholische Liga

»LA GRANDE ET TERRIBLE ARMÉE DE BAVIÈRE« MAXIMILIAN I. ALS KRIEGSHERR

»Die große und schreckliche Armee Bayerns«, so kennzeichnete der junge Ludwig XIV. noch in der Schlußphase des langen Krieges die kurfürstliche Reichsarmada, die den Franzosen in den Jahren 1643–1645 so schwer zusetzte. In keinem anderen militärischen Konflikt hat die bayerische Armee eine so bedeutende, zeitweise historische Rolle gespielt und sich so reich mit Ruhm bedeckt wie im Dreißigjährigen Krieg. Ohne die Erfolge seiner Streitmacht hätte Maximilian I. keines seiner politischen Ziele erreicht.

Das Militär war auch von größter Bedeutung für den inneren Ausbau des Staates. Nicht um die fürstliche Macht mit Gewalt durchzusetzen – dazu ist es so gut wie gar nicht mißbraucht worden, sieht man von der Unterdrückung der Bauernunruhen im Winter 1633/1634 ab –, sondern als Motor, der den Ausbau des Steuerstaates und der zentralen Verwaltung erforderlich machte und vorantrieb. Man spricht daher für diese Phase der frühmodernen Staatsentwicklung gerne von der »Militärischen Revolution«. Sie war verbunden mit einer grundlegenden Veränderung der Organisationsformen und lief auf eine Verstaatlichung der Armee hinaus. Aus Finanzmangel hatten die Fürsten zunächst oftmals die Dienste militärischer Unternehmer in Anspruch genommen, die im Auftrag des Staates selbst Armeen aufstellten und sie gegen vereinbarte Gegenleistungen zur Verfügung stellten, wodurch sie ein bedeutendes, auch politisches Gewicht erlangen konnten. Der Dreißigjährige Krieg sah eine Reihe solcher Condottieri, von denen Wallenstein der gewaltigste war. Für Maximilian kam eine solche Organisationsform nicht infrage, er wollte die uneingeschränkte Kontrolle über seine Armee, was voraussetzte, daß er sie auch bezahlen konnte. Die geworbenen Söldner waren sehr teuer, so daß der Herzog über billigere Alternativen nachdachte. So verfiel er auf das traditionelle Landfahnenwesen, eine Miliz, die auf einer Art Wehrpflicht beruhte. Er reorganisierte auf dieser Grundlage 1600–1601 das »Landesdefensionswesen«. Solange es nur um bessere Polizeiaktionen ging wie gegen Donauwörth oder Salzburg, funktionierte das einigermaßen, doch als sich die Landfahnen 1632 mit Gustav Adolfs Veteranen konfrontiert sahen, versagten sie kläglich, so daß Maximilian resigniert zu dem Schluß kam, daß sich »bisher der ausgewelten landsunderthonen mit schlechtem oder gar khainem nutz und effect bedient werden köndten, und also die uff sye gewente spesa fast vergeblich und umbsonst geschehen« (Mandat Maximilians vom 10. Dezember 1632). So setzte sich die Feldarmee der Liga, bzw. ab 1635 der bayerischen Reichsarmada, dann doch ganz normal aus geworbenen Söldnern zusammen.

Die Offiziere wurden streng kontrolliert, wozu sich Maximilian seiner Kriegskommissare bediente. Bezeichnenderweise verhöhnte Wallenstein seine ligistischen Verbündeten als Sklaven der bayerischen Kommissare. Die außerordentliche Schlagkraft, welche die ligistische Armee 1620–1631 bewies, beruhte zum einen auf der Finanzkraft und dem Organisationstalent Maximilians, zum anderen auf dem Einsatz einer Reihe fähiger Generäle, allen voran Graf Tilly. Neben diesem trat in der ersten Kriegshälfte der dynamische Gottfried Graf von Pappenheim hervor. Nachdem beide 1632 den Tod fanden, war es vor allem Johann von Werth, der größte Kavalleriegeneral des Krieges, der die bayerischen Truppen immer wieder zum Sieg führte und immense Popularität gewann. Als der Kurfürst 1647 einen Waffenstillstand schloß, versuchte Werth – vergeblich – seine Einheiten den Kaiserlichen zuzuführen. Daß die Soldaten trotz Werths Charisma Maximilian die Treue hielten, beweist das große Prestige und Vertrauen, das er bei ihnen genoß. Maximilian hatte aber seinen letzten großen Kommandeur verloren, denn die andere dominierende Gestalt in der zweiten Kriegshälfte, der Lothringer Franz von Mercy, war bereits 1645 gefallen. Mercy war es gelungen, die größten französischen Feldherren des 17. Jahrhunderts, Turenne und Condé, in Schach zu halten.

Maximilian hat nur einige wenige Feldzüge persönlich mitgemacht, dabei aber große militärische Begabung gezeigt und durchaus zum eigenständigen Feldherrn geeignet gewesen wäre. Seine herrscherlichen Pflichten zwangen ihn jedoch, den Krieg vornehmlich von seinem Schreibtisch aus zu führen.

»Ihr [Maximilians I.] person wird sovil operirn als ein exercitus [professioneller General]... 1. der sachen gewachsen, 2. für sich selbst mechtig, 3. im fall der not etwas beizusetzen, 4. eine rechte regulirte militiam in handen, 5. bei dem keine occasion versaumet, 6. kein überflüssiges, unnützes kriegsvolk, viel weniger obristen und befelchshaber verstattet, 7. under welchem kein überfluß nachgesehen, sondern alles dem gemainen wesen zum besten angewendet werde.«

Gutachten kaiserlicher Geheimräte zur Frage, ob man Maximilian I. zum Oberbefehlshaber machen solle, 17. August 1630

Die Katholische Liga

Im April 1608 verließen die protestantischen Reichsstände den Regensburger Reichstag und machten das höchste Organ des Reichs damit handlungsunfähig. Der Hauptgrund war, daß die katholischen Reichsstände den Augsburger Religionsfrieden nur unter der Bedingung einer Rückgabe des von den Protestanten seit 1552/1555 vereinnahmten geistlichen Besitzes bestätigen wollten, gewissermaßen eine Vorwegnahme des Restitutionedikts von 1629 (s. S. 155f.). Ferner beharrten die Katholiken auf dem ihre Seite begünstigenden Prinzip der Mehrheitsbeschlüsse. Unter kurpfälzischer Federführung, also der der radikalen calvinistisch geführten Aktionspartei, schlossen sich am 14. Mai 1608 mehrere protestantische Reichsstände in Auhausen nahe Nördlingen zur »Union« zusammen. Außer der Kurpfalz waren dies Württemberg, Brandenburg-Ansbach, Brandenburg-Kulmbach, Baden-Durlach und Pfalz-Neuburg. Später schlossen sich noch eine Reihe weiterer Reichsstände an, vor allem Kurbrandenburg, Hessen-Kassel, nicht aber Kursachsen, und 17 Reichsstädte, darunter Nürnberg, Ulm und Straßburg, Die katholische Antwort ließ nicht lange auf sich warten. Am 10. Juli 1609 gründeten in München Bayern und die geistlichen Fürstentümer Würzburg, Augsburg, Passau, Regensburg, Konstanz, Kempten und Ellwangen den Oberdeutschen Katholischen Bund, der später als Katholische Liga bekannt wurde, eine Bezeichnung, die man aus den französischen Hugenottenkriegen übernahm. Das auf neun Jahre abgeschlossene Defensionsbündnis sollte in Aktion treten, sobald ein Mitglied widerrechtlich angegriffen wurde. Maximilian I., den man zum Bundesobristen ernannte, hatte damit sein Ziel erreicht, die Gründung eines katholischen oberdeutschen Bundes ohne österreichische Beteiligung und unter seiner Kontrolle. Im August 1609 beschlossen Köln, Mainz und Trier die Schaffung einer Rheinischen Bundesgruppe, die sich mit der Oberdeutschen Gruppe zusammenschließen sollte unter Teilung des Direktoriums zwischen Mainz und Bayern, wobei Maximilian militärischer Befehlshaber blieb.

Im Februar 1610 fand in Würzburg der erste gemeinsame Ligatag statt, auf dem diese Regelung bestätigt wurde. Weitere geistliche Staaten stießen hinzu, darunter Worms, Speyer, Straßburg. Später traten auch Bamberg und Eichstätt bei, während Salzburg und Freising sich auf Dauer fernhielten, lediglich im Rahmen der Kreisverpflichtungen gelegentlich finanzielle Beiträge leisteten. Bereits 1610 kam es im Rahmen des Berg-Jülich-Kleveschen Erbfolgekonflikts zu Zusammenstößen der Truppen von Union und Liga, die aber schon bald durch beiderseitige Abrüstung entschärft werden konnten. Gleichzeitig versuchten die österreichischen wie die spanischen Habsburger Einfluß auf die Liga zu nehmen, um sie in ihrem Sinn zu instrumentalisieren. Als 1613 die Liga entkonfessionalisiert und ein drittes, österreichisches Direktorium geschaffen werden sollte, gründete Maximilian ein Jahr darauf den Oberdeutschen Partikularverein. Streitereien mit dem Deutschmeister Erzherzog Maximilian von Vorderösterreich, der in Schwaben eine gegen Bayern gerichtete Verdrängungspolitik betrieb, veranlaßten Maximilian, im April 1616 das Direktorium niederzulegen und statt dessen ein Jahr später eine »Nachbarliche Vereinigung« der oberdeutschen Mitglieder ins Leben zu rufen, in der sein überragender Einfluß gesichert war. Die böhmische Krise ermöglichte es Maximilian dann, die Liga in

Verbindung mit der Rheinischen Gruppe im Mai 1619 ganz nach seinen Vorstellungen unter völligem Anschluß Österreichs neu zu gründen. Diese Liga war es, die im Folgejahr mit einer Armee von 25.000 Mann unter seinem Kommando mit durchschlagendem Erfolg in den Krieg eingriff.

Auch wenn die Liga in den 1620er Jahren siegreich blieb, gab es zwischen den Mitgliedern ständig Reibereien, da die Zahlwilligkeit der meisten von ihnen sehr nachlässig war und Bayern auf den Ligatagen ständig massiven Druck ausüben mußte, um die erforderlichen Gelder einzutreiben. Auch gewannen im Lauf der Jahre manche der Ligastände den Eindruck, für spezifisch bayerische Interessen zur Kasse gebeten zu werden. Bayern zahlte aber auch unverhältnismäßig hohe Beiträge. 1619–1634 steuerten die rheinischen Ligastände 3,4 Millionen Gulden bei und hatten Ausstände von 5,4 Millionen. Die Oberdeutschen ohne Bayern zahlten 3,9 Millionen bei Ausständen von 5,9 Millionen, Bayern dagegen brachte 31,8 Millionen auf. Auch wenn man die 15 Millionen abzieht, mit denen die Oberpfalz verrechnet wurde, bleibt immer noch ein bayerischer Beitrag von 17 Millionen. In ihren letzten Jahren 1632–1634 galt die Ligaarmee als fast rein bayerisch. Indem durch den Prager Frieden vom Mai 1635 alle Sonderbünde verboten wurden, kam auch die Liga zur Auflösung und wurde in die bayerische Reichsarmada unter Maximilians Kommando umgewandelt, die vom Bayerischen, Fränkischen und Schwäbischen Reichskreis finanziert wurde.

Maximilian I. als Feldherr zu Pferd, im Hintergrund München, Kupferstich von Eberhard Kieser, nach 1623. Auf den Feldern südlich der Hauptstadt exerzieren Infanterie und Kavallerie. Oben links ein Leitspruch des Kurfürsten: »Es erhebe sich Gott, und seine Feinde mögen zerstreut werden.« Dieser Psalmenvers wird häufig auf druckgraphischen Portraits Maximilians zitiert.

Allegorie auf die siegreiche Katholische Liga, anonymer Kupferstich, 1621/1622. Im Vordergrund fährt die Verkörperung des Heiligen Römischen Reiches in einem von einem Adler (Österreich/Reich) und einem Löwen (Bayern) gezogenen Triumphwagen über eine mit Waffen und Leichenteilen bedeckte Walstatt. Sie hält in der Rechten eine Standarte mit gekreuzten Pfeilbündeln, Symbolen der Stärke in der Vielheit, und der Aufschrift: »Stark ist

gewesen, wer sich zusammengeschlossen hat.« Damit wird natürlich auf die Katholische Liga und ihre Bundesgenossen angespielt. In beiden Händen hält die Triumphatorin die Enden einer Kette, welche die links von Maximilian I. und rechts von König Philipp IV. von Spanien angeführten Heerscharen zusammenhält. Über dem lorbeerbekränzten Maximilian weht eine bayerische Fahne, der spanische König wird durch seinen Wappenschild gekennzeichnet. Neben ihm eine Fahne mit dem Wappen des Fürstbischofs von Würzburg und Bamberg Johann Gottfried von Aschhausen, eines der wichtigsten Ligafürsten. Demgemäß muß es sich bei dem Bischof in der Mitte um Aschhausen handeln. Auf ihn bezieht sich dann auch das Spruchband über ihm: »Und ich war ein großer Teil von ihnen«. Er dürfte wohl der Auftraggeber des Stiches gewesen sein. Unter den herumliegenden Trümmern, welche die Niederlage der Protestanten bezeugen, befindet sich zu Füßen Maximilians der Reichsapfel des Pfälzischen Kurfürsten, etwas darüber liegt dessen Hosenbandorden am Boden. Geht es links vor allem um die Katastrophe des Pfälzers, die ja in erster Linie das Werk des bayerischen Herzogs gewesen war, wird in der rechten Bildhälfte das Ende der Protestantischen Union gefeiert, die es mehr mit den Spaniern zu tun bekommen hatte. Das bezeugen ein Fahne mit der Aufschrift »Die Union und ihre Fraktionen« und eine Trophäe aus geknickten Waffen und einem gesprungenen Schild, auf dem die vergeblich aufgewandten Gelder verzeichnet sind (?).

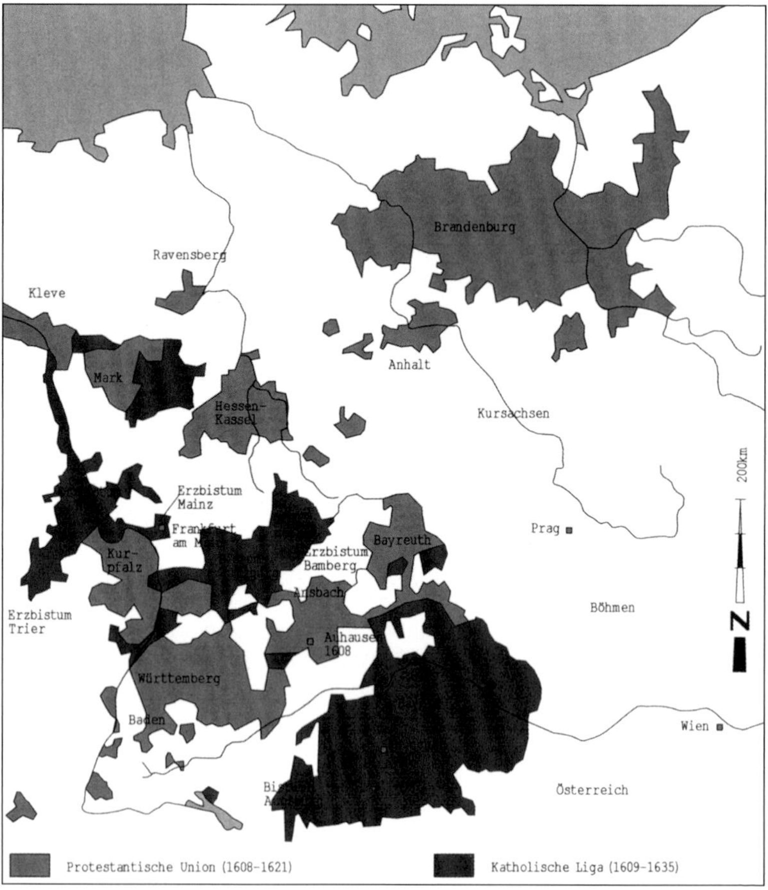
Ravensberg
Kleve
Mark
Hessen-Kassel
Brandenburg
Anhalt
Kursachsen
Erzbistum Mainz
Kur-pfalz
Erzbistum Bamberg
Bayreuth
Erzbistum Trier
Württemberg
Baden
Prag
Böhmen
Wien
Österreich
200km
N
Protestantische Union (1608-1621)
Katholische Liga (1609-1635)

Brustbild des Generalleutnants der Liga Johann Tserclaes Graf von Tilly. Der Kupferstich Lukas Kilians ist 1621 datiert. Der Feldherr trägt ein prächtiges Wams und einen verzierten Harnischkragen. Darunter heißt es in eleganten Distichen: »Das Schicksal, es wütet, sieh!, ich ertrag's, so besieg' ich das Schicksal, indem ich es trage / Das Kreuz, es siegt, und auch ich besieg' geduldig durch Hoffnung das Leid, / Durch standhafte Hoffnung, die sich stützt auf festen Grund, den CHRISTUS gewährt, / Der mir mein Schicksal mildert und auch das Leid. / Sobald indes das Leid hinweg genommen, der Tumult des Schicksals beruhigt, / dann wird ER mich selig machen durch vielfach gedeihendes Glück.«

FELDHERR MAXIMILIANS: JOHANN TSERCLAES BARON, AB 1622 REICHSGRAF VON TILLY

*1559 (Burg Tilly/Brabant oder Brüssel), †1632 (Ingolstadt) Unter den zahlreichen militärischen Kommandeuren, die Maximilian im Lauf des Dreißigjährigen Krieges gedient haben, kann Tilly zweifellos als die herausragende Figur gelten. Tilly, ein Jesuitenzögling, erlernte das Kriegshandwerk von der Pike auf in spanischen Diensten unter dem Kommando Alexander Farneses, Herzogs von Parma. Anschließend kämpfte er in spanisch-lothringischen Einheiten im 8. Hugenottenkrieg und trat dann in die kaiserliche Armee ein, in deren Reihen er 1598–1605 am langen Türkenkrieg teilnahm und zum Feldmarschall aufstieg. Im habsburgischen Bruderstreit hielt er loyal zu Rudolf II. und quittierte 1608 den kaiserlichen Dienst. 1610 folgte er dem Ruf Maximilians I. und wurde Generalleutnant des Herzogs und der Liga. In den Folgejahren organisierte er die katholischen Streitkräfte und führte sie schließlich 1620 unter Maximilians Oberkommando in den Dreißigjährigen Krieg. Tilly war ein ungemein aggressiver Feldherr, der stets nach der Entscheidungsschlacht und einer raschen Beendigung des Krieges strebte. Er errang die großen Siege auf dem Weißen Berg (1620), bei Wimpfen (1622), Stadtlohn (1623) und Lutter am Barenberge (1626). Maximilian hatte seine Machtstellung in den 1620er Jahre nicht zuletzt seinem erfolgreichen General zu verdanken und war sich dessen bewußt. Unbedingte Loyalität war der wesentlichste Charakterzug Tillys. Sie galt der Katholischen Kirche, den spanischen und österreichischen Habsburgern und schließlich Maximilian I. als Haupt der Katholischen Liga. Als er 1630 im Alter von 72 Jahren in Personalunion mit dem Kommando über die ligistischen und die kaiserlichen Streitkräfte betraut wurde, brachte ihn das in Loyalitätskonflikte, die wesentlich zu seiner schweren Niederlage gegen Gustav Adolf in der Schlacht von Breitenfeld (1631) beitrugen. Bei Rain am Lech wurde er im Folgejahr schwer verwundet und starb am 30. April 1632 in Ingolstadt. Zu Unrecht wird sein Andenken durch die Katastrophe von Magdeburg (1631) verdüstert, die er zu verhindern versucht hatte. Ohne Zweifel war Tilly ein katholischer

»Überzeugungstäter«, doch macht ihn das noch nicht zum blindwütenden Fanatiker, als den man ihn gerne abstempelt. Mit seinem Dienstherrn Maximilian verband ihn seine tiefe, jesuitisch geprägte Frömmigkeit, seine Selbstdisziplin und strenge Pflichtauffassung, aber auch der produktive Gegensatz von selbstsicherer fürstlicher Autorität auf der einen Seite, diszipliniertem soldatischem Gehorsamsverständnis auf der anderen. Keinen anderen seiner Mitarbeiter hat der Kurfürst in so reichem Maße belohnt wie den persönlich asketischen Tilly. Bei all seiner pedantischen Kontrollsucht, seiner Knausrigkeit und seiner Neigung zu boshafter Nörgelei war Maximilian doch ein Mann, der treue Dienste nicht zu vergessen pflegte und große Anhänglichkeit an bewährte Kräfte zeigen konnte, in keinem Fall aber in so ausgeprägtem Maß wie bei Tilly. Man kann hier von einer wechselseitigen Loyalität sprechen, wie sie Kriegsherrn und militärischem Vollstrecker selten zu finden ist.

DER BAYERISCH-KATHOLISCHE VORPOSTEN IM NORDWESTEN:

Ferdinand von Bayern, Kurfürst und Erzbischof von Köln (1612), Fürstbischof von Lüttich, Hildesheim, Münster (alle 1612) und Paderborn (1618), Fürstpropst von Berchtesgaden (1595), Fürstabt von Stablo-Malmedy (1612), Herzog von Westfalen (1612)

*1577 (München), †1650 (Arnsberg/Westfalen), reg. 1612–1650

Die bloße Aufzählung der Herrschaften Ferdinands im Niederrheingebiet und in Westfalen zeigt zweierlei. Zum einen, daß die Kurie zu großen Kompromissen bereit war, wenn es darum ging das Haus Bayern als wichtigste Stütze des Katholizismus im Reich zu fördern, auch wenn man damit eklatant gegen das vom Konzil von Trient verkündete Verbot der Pfründenhäufung verstieß. Zum anderen, daß es seit dem Durchbruch im Kölner Krieg (1583–1585) den bayerischen Wittelsbachern gelungen war, im Nordwesten des Reiches ein großflächiges Konglomerat von geistlichen Herrschaften an nachgeborene Söhne der herzoglichen Familie zu bringen, das an Ausdehnung kaum hinter dem Stammland zurückstand und mit dem Erzstift Köln zudem die begehrte Kurwürde ihrem Zweig des Hauses eintrug. Ferdinand trat in den meisten dieser geistlichen Fürstentümer in die Nachfolge seines Onkels Ernst von Bayern (1554/1583–1612), nur das Hochstift Freising ging nach dessen Tod dem Haus trotz eifrigem Bemühen Maximilians I. verloren. Die Unterstützung durch Rom und die Bereitschaft der norddeutschen Domkapitel, einen bayerischen Kandidaten zu postulieren, hatten ihre Ursache darin, daß die katholische Position in diesem Raum schwere Verluste hatte hinnehmen müssen und akut gefährdet war, wie der gerade noch verhinderte Beinaheverlust Kölns gezeigt hatte. Man suchte daher den Anhalt am einzigen schlagkräftigen weltlichen Reichsstand, der dem Katholizismus im Reich noch verblieben war, also an Bayern. Besonders schätzte man die konsequente Umsetzung der in Trient beschlossenen Reformen, für welche die bayerischen Wittelsbacher bekannt waren.

In dieser Hinsicht hatte sich Ernst von Bayern freilich als Enttäuschung erwiesen. Obwohl er sich zum Priester hatte weihen lassen, zeigte er größeren Eifer bei der Jagd und bei höfischen Festen als in kirchlicher Reformtätigkeit und entsagungsvoller Verwaltungsarbeit und war auch bekannt für seine lockere Sexualmoral. Alarmiert durch die Berichte der päpstlichen Nuntien, entschloß man sich in Rom, ihm 1592 in Köln seinen jungen, doch streng tridentinisch ausgerichteten, in seinem Verhalten vollkommen integren Neffen Ferdinand als Koadjutor mit Nachfolgerecht beizugeben. Die Koadjuturen in den anderen Bistümern Ernsts schlossen sich in den nächsten Jahren an.

Ferdinand war in München und Ingolstadt jesuitisch erzogen worden. Nach einem Aufenthalt in Rom nahm er in Köln seine Arbeit auf. Als der Kurfürst 1612 starb, trat der Neffe voll in seine Ämter ein. In seiner langen Regierungszeit – Ferdinand war, wie sein Bruder, einer der wenigen Fürsten, die den Dreißigjährigen Krieg vom Anfang bis zum Ende mitmachten – leistete er Bedeutendes. Durch zahlreiche Visitationen und Synoden brachte er Priesterschaft und Orden auf Reformkurs. Er rief nach bayerischem Vorbild einen Geistlichen Rat ins Leben, gründete in Köln ein Priesterseminar, förderte Jesuiten und Kapuziner, baute in

Köln die Jesuitenkirche Mariä Himmelfahrt, reorganisierte die Verwaltung und sanierte die desolaten Finanzen. Außenpolitisch lehnte er sich stark an Bayern an, setzte sich wie Maximilian im Jülich-Kleve-Bergischen Erbfolgestreit, der für ihn wegen der direkten Nachbarschaft besonders bedrohlich war, entschlossen für die pfalz-neuburgische Seite ein, trat sofort der Katholischen Liga bei, unterstützte die Ambitionen seines Bruders in der Kur- und Pfalzfrage wie auch dessen Anstrengungen, Wallenstein in die Schranken zu weisen. Mit besonderer Entschiedenheit unterstützte er das Restitutionsedikt. Im Gegensatz zu Maximilian zeigte er aber nach dem Umschwung, den das Eingreifen Schwedens zur Folge hatte, wenig Bereitschaft, die Positionen der radikalen Gegenreformation zu räumen, um einen Kompromißfrieden zu ermöglichen. Diese unnachgiebige Haltung war nicht zuletzt auf den Einfluß seines wichtigsten politischen Ratgebers zurückzuführen, des einer morganatischen Nebenlinie der bayerischen Wittelsbacher entstammenden hochbegabten Reichsfreiherrn Franz Wilhelm von Wartenberg, der ihm von 1621 bis 1650 als Obristhofmeister diente und ab 1625/1628 auch Fürstbischof von Osnabrück, ab 1630 von Minden und Verden sowie ab 1642 Koadjutor von Regensburg war. Maximilian hatte ein recht gespanntes Verhältnis zu diesem seine Ausgleichsbemühungen immer wieder durchkreuzenden Verwandten. Auch in der Hexenfrage verfolgte Ferdinand einen härteren Kurs als sein Bruder und veranstaltete, vor allem in Westfalen große Hexenjagden. Ferdinand erhielt niemals die höheren Weihen, was mit der langen Kinderlosigkeit Maximilians zusammengehangen mag, der den Bruder in Köln als erbpolitische Notlösung in Reserve zu halten wünschte. Indem man 1642 Maximilian Heinrich von Bayern, einen Sohn seines Bruders Albrecht, zum Koadjutor machte, war gewährleistet, daß das nordwestdeutsche Bischofsreich in wittelsbachischer Hand blieb, bis 1761.

8 Anfänge einer aktiven Außenpolitik

DER SALZBURGER SALZKRIEG

Die Salzgewinnung in Reichenhall und der Salzhandel hatten sich im 16. Jahrhundert neben den Kammergefällen zur wichtigsten Einnahmequelle des Landesherrn entwickelt, zumal es Maximilians Vorgängern gelungen war, das Salzgeschäft gegen starkes ständisches Widerstreben an sich zu ziehen. Indem man sich außerdem die Handelsmonopole für die benachbarten Produzenten, die Fürstpropstei Berchtesgaden und das Fürsterzbistum Salzburg (Hallein) sicherte, stieg Bayern zum größten Salzhersteller und Salzhändler in Süddeutschland auf. Die durchschnittlichen Nettogewinne aus dem Salzwesen betrugen in den ersten beiden Jahrzehnten des 17. Jahrhunderts 249.000 Gulden. Man unternahm die größten Anstrengungen, diese Geldquelle weiter am Sprudeln zu halten. Von Rom erwirkte man eine Genehmigung, daß die Arbeiten auch an Sonntagen weitergehen durften. Dies war für den strengst auf Einhaltung von Sonn- und Feier-, Fast- und Abstinzenztagen achtenden Maximilian ein ganz außerordentliches Ansinnen. Man ließ 1617–1619 eine 31 km lange Rohrleitung zwischen Reichenhall und Traunstein bauen, um die Holzvorräte an der Hauptsaline nicht zu überbeanspruchen.

Doch bald nach 1600 trat eine kritische Entwicklung ein. Um das Handelsmonopol für das salzburgische Halleiner Salz zu erhalten, hatte sich Bayern verpflichtet, jährlich ein großes Quantum an Salz abzunehmen. Als aber die Österreicher durch gesteigerte Exporte des Hallstätter Salzes immer mehr den böhmischen Markt blockierten, blieb Bayern auf großen Mengen nicht verkäuflichen Salzes sitzen, 1610 hatten sich 11.000 Tonnen angesammelt. Um zu einer Revision des nachträglichen Vertrags zu gelangen, verdoppelte Maximilian die Maut auf das Halleiner Salz, worauf der Salzburger Fürsterzbischof Wolf Dietrich von Raitenau die Verträge kündigte, gerade wie es der Herzog beabsichtigt hatte. Die gegenseitigen Schikanen eskalierten, bis Wolf Dietrich die Nerven verlor und die von einem Bruder Maximilians regierte Fürstpropstei Berchtesgaden als Faustpfand militärisch besetzen ließ, genau das, was er einem Maximilian I. gegenüber nicht hätte machen sollen. Der Bayer sah den Tatbestand des Landfriedensbruchs gegeben, den er als Obrist des Bayerischen Reichskreises zu ahnden hatte, stellte ein Ultimatum und mobilisierte 10.000 Mann Landfahnen unter Tilly, mit denen er am 22. Oktober 1611 die Grenzfestung Tittmoning eroberte.

Wolf Dietrich von Raitenau (reg. 1559–1611) war eine eigenwillige Persönlichkeit. Ein großer Bauherr und Förderer der Künste, führte er einerseits Reformen im Sinne des Konzils von Trient durch, erlaubte sich selbst aber einen vortridentinischen Lebensstil, zu dem nicht zuletzt eine Schar von 15 Kindern gehörte, die er mit seiner Konkubine Salome Alt gezeugt hatte. Weiter verärgerte er seinen bayerischen Nachbarn, indem er sich weigerte, der Katholischen Liga beizutreten. Um seine Situation vollends aussichtslos zu machen, hatte sich der Fürsterzbischof mit seinem autoritären Regierungsstil das Domkapitel zum Feind gemacht, das nun den bayerischen Herzog zu Hilfe rief. Dieser marschierte in Salzburg ein, nahm Wolf Dietrich gefangen und sorgte dafür, daß der Papst den Missetäter absetzte. Maximilian diktierte dem Domkapitel einen neuen Salzhandelsvertrag, ganz nach seinem Geschmack, ferner forderte er, wie üblich, seine exzessiven Kriegskosten, die er von Wolf Dietrichs Nachfolger aber nur zum Teil erstattet erhielt. Der abgesetzte Fürsterzbischof starb 1617 in der Gefangenschaft auf Hohensalzburg.

»…für einen nachbar viel zu gescheit.«

Maximilian I. über den als Nachfolger des Salzburger Fürsterzbischofs Wolf Dietrich von Raitenau ins Auge gefaßten Eitel Friedrich von Zollern, 1612 (nach Dieter Albrecht, Maximilian I., S. 462)

VOM NUTZEN DER REICHSACHT: DONAUWÖRTH UND KURPFALZ

Die Reichsacht war die schwerste Sanktion gegen einen Reichsstand. Zweimal gelang es Maximilian I., sich die Ächtung eines anderen Reichsstandes zunutze zu machen, wobei jedoch beide Male erhebliche Kollateralschäden in der Reichspolitik entstanden, die ihm schwere Kritik bei Zeitgenossen und Nachwelt eingetragen haben.

Die recht selten verhängte Reichsacht wurde vom Kaiser ausgesprochen, wobei aber normalerweise dem Angeklagten Gelegenheit zur Rechtfertigung geboten und die Kurfürsten um ihre Meinung befragt wurden, worauf Ferdinand II. in seiner Wahlkapitulation sogar ausdrücklich verpflichtet worden war. Der übliche Grund war Landfriedensbruch, indem ein Reichsstand einen anderen oder gar den Kaiser angriff. Im Fall akuten notorischen Landfriedensbruches konnte das Reichsoberhaupt die Acht ohne alle Formalitäten in eigener Verantwortung verhängen und andere Stände mit der Exekution des Spruches beauftragen. Die Acht hatte zur Folge, daß der Betroffene (»Ächter«) seiner Würden und Länder verlustig ging und allen Rechtsschutz verlor, gewissermaßen vogelfrei wurde. Wer ihn unterstützte, konnte gleichfalls der Acht anheimfallen.

Der erste Fall, in den Maximilian verwickelt wurde, war der Konflikt in der Freien Reichsstadt Donauwörth, der dort 1605 ausbrach. Die 4.000 Einwohner zählende Stadt war eine der gemischt konfessionellen, paritätisch verwalteten Reichsstädte, wie u. a. auch Augsburg, Regensburg, Dinkelsbühl. Die Mehrheit der Donauwörther war lutherisch, hatte aber die Rechte der katholischen Minderheit zu achten. Gegen diese Bestimmungen des Augsburger Religionsfriedens wurde in Donauwörth aber verstoßen, indem die Katholiken systematisch diskriminiert wurden. Zum ersten Eklat kam es am Markustag (25. April) 1605, als unter der Führung der Benediktiner von Hl. Kreuz die Katholiken eine Prozession mit fliegenden Fahnen veranstalten wollten. Darin sahen die Protestanten eine Provokation und zwangen die Katholiken zum Einrollen der Fahnen. Der militante Augsburger Fürstbischof Heinrich von Knöringen wandte sich an den Kaiser, der die Stadt abmahnte. Im folgenden Jahr wiederholte sich der Vorfall, wobei es diesmal zu gewalttätigen Ausschreitungen von protestantischer Seite kam (»Donauwörther Fahnenschlacht«). Im März 1607 erhielt Maximilian I. von Kaiser Rudolf II. eine Kommission, die Rechte der Donauwörther Katholiken zu schützen, wie er das schon 1604 in Kaufbeuren mit Erfolg getan hatte. Der Herzog forderte vom Rat der Stadt, sich schriftlich zur Einstellung der Mißstände zu verpflichten. Die Ratsherren waren einsichtig, aber ein bewaffneter Mob griff im April 1607 nicht nur die Prozession, sondern auch die bayerische Delegation an. Jetzt lag klarer Landfriedensbruch vor, auch sah Maximilian sich in seiner Ehre gekränkt und befürchtete Konsequenzen in anderen Reichsstädten. Er forderte den Kaiser auf, die bereits angedrohte Acht zu verhängen. Trotz Protesten von kurpfälzischer, pfalzneuburgischer, ansbachischer und württembergischer Seite erfolgte die Achterklärung am 3. August 1607, wobei Maximilian I. die Exekution übertragen wurde. Der Herzog nahm Verhandlungen mit dem Rat auf, der wieder entgegenkommend war, aber nichts gegen den Druck der Straße ausrichten konnte, worauf Maximilian die Achterklärung veröffentlichte. Protestantischerseits bemängelte man, daß das (von den Protestanten lahmgelegte) Reichskammergericht nicht eingeschaltet und die Exekution an Bayern übertragen worden war, denn Donauwörth lag im Schwäbischen Kreis und wäre eigentlich in den Zuständigkeitsbereich des (protestantischen) Herzogs von Württemberg gefallen. Bayerischer- und kaiserlicherseits argumentierte man, daß es Sache des Reichsoberhaupts sei, wen es in einem solchen notorischen Fall mit der Exekution beauftrage. Als Maximilian mit 6.500 Mann – überwiegend Landfahnen – vor Donauwörth erschien, war dies einschüchternd genug, um nicht nur die Stadt zur kampflosen Übergabe zu veranlassen, sondern auch sämtliche protestantischen Reichsstände in Tatenlosigkeit verharren zu lassen.

Da Donauwörth im Lauf der Jahrhunderte schon mehrfach bayerisch gewesen war, sah Maximilian nun die Gelegenheit gekommen, sich in den vollen Besitz der Stadt zu bringen. Er tat dies auf versteckte Weise, indem er sich der finanziellen Erpressung bediente. Er präsentierte der Stadt, deren jährliche Einnahmen 15.000 Gulden betrugen, eine Rechnung von mehr als 300.000 Gulden als Ersatz für seine Exekutionskosten, die sich bis 1614 durch Zinsen auf über 440.000 erhöhen sollten. So ging Donauwörth allmählich in herzoglichen Pfandbesitz über und wurde bayerische Landstadt. Dies ermöglichte dem Herzog auch die Durchführung der Gegenreformation.

Wenn auch manchen Protestanten die Ereignisse von Donauwörth als Fanal erschienen, so stellten sie doch, wie Maximilian Lanzinner gezeigt hat, keineswegs einen Meilenstein auf dem Weg in den Dreißigjährigen Krieg dar. Sachsen, selbst die Kurpfalz und die meisten protestantischen Reichsstände akzeptierten Acht und Exekution, nur die rigorose Gegenreformation sorgte für heftiges Murren. Trotzdem wurde bayerischerseits 1610 eine von Wilhelm Jocher verfaßte juristische Rechtfertigung veröffentlicht, die »Donawerthische Relation«, wie es überhaupt Maximilians Gewohnheit war, potentiell kontrovers beurteilte Unternehmungen durch Gutachten von Juristen und Historikern untermauern zu lassen.

Sein Vorgehen in der Donauwörther Affäre zeigt die Art und Weise, wie Maximilian I. die Reichsacht für seine Zwecke instrumentalisierte. Er bestärkte den Kaiser in der Rechtsinterpretation, der zufolge das Reichsoberhaupt und sein Hofrat im Alleingang die Acht verhängen und die Exekution übertragen konnten. So wie im Fall des in mancher Hinsicht ähnlich gelagerten Restitutionsedikts von 1629 (s. S. 155f.), war er hier bereit, die Kompetenzen des Kaisers exzessiv zu dessen Gunsten auszulegen. Das stand natürlich in klarem Widerspruch zu seinem sonst verfolgten Grundsatz, jedem Versuch einer kaiserlichen Machtausdehnung im Namen der fürstlichen Libertät energisch entgegenzutreten. Es blieb aber keine Wahl, da es unter den gegebenen Verfassungsverhältnissen und in Anbetracht der Interessenkonflikte innerhalb der Reichsgremien unmöglich war, das politisch gewünschte Ziel der Achterklärung zu erreichen außer durch ein kaiserliches Machtwort. War die Maßnahme erfolgt, ließ sich Maximilian die Exekution übertragen und sich seine Kommission in aller Form bestätigen. Peinlich war er bemüht, nie in eigenem Namen und eigener Verantwortung militärisch aktiv zu werden, sondern immer als Vollstrecker kaiserlicher Befehle aufzutreten. Nach Abschluß der Exekution stellte er die Kosten, die ihm diese verursacht hatte, in Rechnung. Da die Forderung die Zahlungsfähigkeit des Schuldners hoffnungslos überstieg, ließ Maximilian sich Territorien in Schuldpfandschaft überschreiben, woraus dann angesichts der sich häufenden Zinsen sehr leicht eine dauernde Inbesitznahme wurde. Niemand war umsichtiger in der rechtlichen und finanziellen Absicherung seiner Interventionen, niemand konsequenter in der akribischen Aufrechnung aller nur irgendwie in Anschlag bringbaren Kosten, niemand hartnäckiger in der Beitreibung der Schulden bzw. in ihrer Aufrechnung mit politischen und territorialen Äquivalenten. Dies sollte auch sein kaiserlicher Bundesgenosse zu spüren bekommen, als ihm der Herzog bei der Niederwerfung der Rebellionen in Oberösterreich und Böhmen half.

»Dise statt [Donauwörth] ist vor 200 jarn auch bayrisch gewest. Ich mueß ietzt erwarten, wer mir mein unkosten zalen wirdt. Unterdessen wird ich mich der Reichs constitutionen gebrauchen und mich aus der pfandschaft nit gern bringen lassen, wurde auch der religion schaden nit sein.«

Maximilian I. an seine Grazer Tante, Erzherzogin Maria Anna von Bayern I., 5. Januar 1608

Die Krise in den habsburgischen Gebieten 1618/1619 eröffnete Maximilian die Gelegenheit, durch energisches Eingreifen nicht nur die traditionelle Reichsordnung und die katholischen Positionen zu retten und zu festigen, sondern auch den Rang seines Hauses zu erhöhen und sein Territorium zu vergrößern. Im Münchner Vertrag vom Oktober 1619 ließ er sich neben dem Ersatz seiner Kriegskosten den Besitz eventueller Eroberungen, die zwangsläufig zu Lasten des pfälzischen Kurfürsten gehen mußten, und die Übertragung der pfälzischen Kurwürde zusichern (s. S. 132) Oberösterreich nahm er sofort im Sommer 1619 im Namen des Kaisers unter bayerische Verwaltung und hielt es als Pfand für seine Kriegskosten besetzt. Da der Kaiser diese auf 12 Millionen Gulden errechneten Schulden nie würde begleichen können, drohte ihm der dauerhafte Verlust eines substantiellen Teils seiner Erblande. Der Ausweg konnte nur darin bestehen, daß Maximilian auf Kosten des besiegten Friedrich V. von der Pfalz saturiert wurde. Auf diese Weise konnte der Kaiser Maximilian die diesem zustehende Belohnung zukommen lassen, ohne den habsburgischen Besitzstand zu schmälern. Das setzte aber die Ächtung des Pfälzers voraus, durch die seine Ämter und Gebiete zur Disposition stehen würden. Diese Ächtung erfolgte am 22. Januar 1621, bald nach dem entscheidenden Sieg auf dem Weißen Berg. Um an die Besitzungen des Geächteten in der Rheinpfalz und in der Oberpfalz zu gelangen, mußten diese freilich erst erobert werden. Maximilian ließ sich hierfür wieder eigene Kommissionen ausstellen. Die linksrheinische Kurpfalz wurde 1620/1621 von den Spaniern besetzt, und es war klar, daß sie sie als strategisch wichtiges Aufmarschgebiet gegen die Niederlande nicht aufgeben würden. Die von Maximilian ins Auge gefaßte und alsbald auch eroberte Beute umfaßte also die Oberpfalz und die rechtsrheinische Kurpfalz, vor allem aber die Kurwürde, die ihm am 22. September 1621 zunächst geheim übertragen wurde, am 25. Februar 1623 aber offiziell, wenngleich vorerst nur auf seine Person bezogen. Schon die Ächtung Friedrichs V. war von den Kurfürsten von Sachsen und Brandenburg kritisiert worden, weil sie ohne ihr Einverständnis und entgegen der kaiserlichen Wahlkapitulation erfolgt war, auf weiter verbreiteten und hartnäckigeren Widerstand im In- und Ausland stieß man bei den territorialen Enteignungen und vor allem bei der Kurübertragung (s. S. 145). Die Rheinpfalz ließ sich nicht behaupten, da der 1648 erzielte Westfälische Kompromißfrieden eine teilweise Entschädigung der Pfälzer Linie erforderte, den Gewinn der Oberpfalz und der Kurwürde erhielt Maximilian schließlich durch diesen Frieden endgültig anerkannt.

DER KONVERTIT:

Pfalzgraf Wolfgang Wilhelm, Herzog von Pfalz-Neuburg, Herzog von Jülich und Berg

*1578 (Neuburg a. d. Donau), †1653 (Düsseldorf), reg. 1614–1653

Die pfälzisch-wittelsbachische Nebenlinie Pfalz-Zweibrücken-Neuburg war 1505 entstanden, als Kaiser Maximilian I. am Ende des Landshuter Erbfolgekrieges die Nachkommen des Pfalzgrafen Ruprecht entschädigte, indem für sie ein neues Herzogtum geschaffen wurde, die Junge Pfalz. Ihr Kerngebiet war ein sich entlang der Donau hinziehender Landstreifen zwischen Lauingen und der Gegend südlich von Ingolstadt mit der Hauptstadt Neuburg a. d. Donau. Dazu kamen Territorien zwischen Eichstätt und Nürnberg, sowie um Sulzbach in der Oberpfalz. 1542 vollzog die Linie den Wechsel zum Luthertum.

Die Pfalz-Neuburger begannen in der Reichsgeschichte eine bedeutende Rolle zu spielen, als der letzte Herzog von Jülich-Kleve-Berg ohne Erben starb. Brandenburg und Pfalz-Neuburg, zunächst auch Sachsen, erhoben Anspruch auf diesen umfangreichen Länderkomplex am Niederrhein, schließlich entstand eine Konfrontation zwischen den beiden erstgenannten Bewerbern. Der nun beginnende Erbfolgestreit war höchst brisant. Die Herzogtümer waren von größter strategischer Bedeutung, lagen sie doch in einem Gebiet, wo die Interessen der seit 1568 miteinander im Krieg liegenden niederländischen Generalstaaten und Spaniens aufeinander stießen und auch die Frankreichs stark berührt waren. Beide Kontrahenten suchten Anlehnung an die Großmächte, so daß zeitweise ein Krieg in der Luft lag. Um die Unterstützung der Niederlande zu gewinnen, konvertierte 1614 der brandenburgische Kurfürst Johann Sigismund vom Luthertum zum Calvinismus. Der Gegenkandidat, der Sohn des pfalzneuburgischen Herzogs, Wolfgang Wilhelm, machte es ähnlich und trat, gleichfalls 1614, zum Katholizismus über, um die Hilfe der Spanier und der Katholischen Liga zu gewinnen. Dabei spielte sein bayerischer Verwandter Maximilian I. eine entscheidende Rolle, sah dieser doch die Chance, die Zwangslage Pfalz-Neuburgs für einen großen Coup zu nutzen.

Wolfgang Wilhelms Vater Philipp Ludwig, hatte Anna von Jülich-Kleve-Berg geheiratet, woraus sich nun die Ansprüche auf diese Herzogtümer ergaben. Philipp Ludwig war ein strenger Lutheraner und hatte gemeinsam mit seinem Sohn an dem Regensburger Religionsgespräch von 1601 teilgenommen, bei dem ihnen auf katholischer Seite Maximilian I. gegenüberstand. Der brillante Auftritt des in Ingolstadt lehrenden Jesuiten Adam Tanner scheint den theologisch höchst interessierten Wolfgang Wilhelm stark beeindruckt zu haben, ausschlaggebend für seinen späteren Konfessionswechsel war er aber wohl nicht. Als elegante Lösung des niederrheinischen Erbfolgezwistes bot sich zunächst vielmehr eine eheliche Verbindung mit Brandenburg an. Als sich das zerschlug, faßte Wolfgang Wilhelm eine Schwester Maximilians I. ins Auge, was ihn ins katholische Lager bringen mußte. Bei dieser handelte es sich um die geistreiche und eigenwillige Magdalena von Bayern, die Kaiser Matthias verschmäht, sich dann in Erzherzog Leopold unglücklich verliebt hatte und nun bereit war, die konfessionspolitisch hochbedeutende Ehe mit Wolfgang Wilhelm einzugehen. Doch scheint es zwischen den beiden auch wirkliche Zuneigung gegeben zu haben. Die Bayern machten eine Konversion des Pfalz-Neuburgers zur Voraussetzung, was angesichts der harten Haltung des Vaters Schwierigkeiten bis zur Enterbung befürchten ließ. Dieser wurde daher auch möglichst lange über den bevorstehenden und selbst noch über den bereits vollzogenen Konfessionswechsel im Dunkeln gelassen. Maximilian übernahm es persönlich, seinen Verwandten in zahlreichen Gesprächen in den katholischen Glauben einzuführen. Am 11. Juli 1613 trat Wolfgang Wilhelm in München geheim zum Katholizismus über. Als dann am 11. November 1613 in der Münchner Residenz Hochzeit gefeiert wurde, war der Konfessionswechsel immer noch strenges Geheimnis, doch drängte es Wolfgang Wilhelm nun im Übereifer des Konvertiten, seinen Schritt in aller Offentlichkeit bekannt zu machen. Dies erfolgte am 25. Mai 1614 in der Düsseldorfer St. Lambertus-Kirche. Maximilian, der diplomatisch auf Zurückhaltung drängte, hatte es übernommen, den Vater brieflich über den bevorstehenden Schritt seines Sohnes aufzuklären. Der

Schock war so groß, daß Philipp Ludwig am 22. August starb, ohne noch eventuelle Sanktionen ergreifen zu können.

Noch im gleichen Jahr gelang es, den Jülich-Kleve-Bergischen Erbfolgestreit mit dem Provisionsalvergleich von Xanten (12. November 1614) zu entschärfen, wenn er auch noch bis ins 18. Jahrhundert hinein sporadisch aufflackern sollte. Man beendete die nicht funktionierende gemeinsame Verwaltung der »Possidierenden« und teilte die Territorien provisorisch unter diesen auf. Pfalz-Neuburg erhielt die Herzogtümer Jülich und Berg, Brandenburg das Herzogtum Kleve sowie die Grafschaften Mark und Ravensburg. Maximilian hatte mit seiner auf Konfliktbegrenzung gerichteten Politik zu diesem Ausgleich wesentlich beigetragen. Auch die Eile, mit der Wolfgang Wilhelm die Gegenreformation durchführen wollte, versuchte er erfolgreich zu dämpfen, um keine neuen Unruhen zu schaffen, in die er wahrscheinlich selbst hineingezogen würde. In der »Brüderlichen Vergleichung« vom 17. Juli 1615 überließ Wolfgang Wilhelm seinen beiden lutherisch gebliebenen Brüdern die Teilgebiete um Allersberg und Sulzbach. In den von ihm selbst regierten Landesteilen, einschließlich der beiden gemischt konfessionellen niederrheinischen Herzogtümer setzte noch im selben Jahr eine schrittweise Rekatholisierung ein. Hatte Wolfgang Wilhelm 1615 noch die Tolerierung des Protestantismus auf der Basis der Parität verfügt, ging er 1617 zur kompromißlosen Gegenreformation über, wobei er sich der Jesuiten bediente.

Außenpolitisch verfolgte der Herzog einen ziemlich unberechenbaren Kurs. Im Gegensatz zu Maximilian I. pflegte er ein sehr enges Verhältnis zu Spanien, nahm aber auch Kontakte mit protestantischen Fürsten auf, wenn ihm dies opportun erschien. Er trat zwar 1620 der Liga bei, versuchte sich aber aus allen militärischen Konflikten herauszuhalten, ohne aber durch diesen Neutralitätskurs seine Länder, vor allem die am Niederrhein, vor ständigen Durchzügen und Besetzungen schützen zu können. Am Sturz Friedrichs V. von der Pfalz und der Frage der Kurübertragung an die bayerische Linie zerbrach das herzliche Einvernehmen mit Maximilian I. Die Pfalz-Neuburger wären nach der Absetzung Friedrichs V. die nächsterbberechtigte wittelsbachische Linie gewesen, doch wurden sie vom Kaiser mit der halben Herrschaft über Weiden, Parkstein und Pleystein in der Oberpfalz abgespeist, während Maximilian den Hauptteil der Oberpfalz samt der Kurwürde erhielt. Wolfgang Wilhelm protestierte wieder und wieder und versuchte wenigstens zu erreichen, daß die Kur an Pfalz-Neuburg falle, sobald Maximilian ohne Erben starb, womit allgemein gerechnet wurde. Weder der Kaiser noch Maximilian ließen mit sich reden. Wer selber nichts dazu getan habe, daß die pfälzische Kur zur Disposition stünde, bemerkte der Bayer spöttisch unter Hinweis auf Wolfgang Wilhelms militärische Abstinenz, der habe auch keine Ansprüche zu stellen. Ostentativ erschien Wolfgang Wilhelm nicht, als am 25. Februar 1623 der bayerische Konkurrent auf dem Regensburger Kurfürstentag in den persönlichen Kurfürstenstand erhoben wurde. Mit seiner sturen Verfechterei aussichtsloser Rechtsstandpunkte und seiner ungeschickten Schaukelpolitik machte sich der Pfalz-Neuburger schließlich bei allen Seiten unbeliebt. Dies erwies sich auch in seiner Familienpolitik. Nach dem Tode Magdalenas von Bayern 1628 heiratete er die protestantische Katharina Charlotte von Pfalz-Zweibrücken und nach deren Tod schließlich mit Maria Franziska von Fürstenberg-Heiligenberg wieder eine Katholikin. Mit seinem Sohn Philipp Wilhelm, der aus der ersten Ehe stammte, zerstritt er sich, weil dieser sich eine dem Vater unerwünschte polnische Prinzessin zur Frau genommen hatte. Diesem sollte der Aufstieg Pfalz-Neuburgs gelingen, indem ihm 1685 nach dem Aussterben der Linie Pfalz-Simmern die durch den Westfälischen Frieden geschaffene achte Kur zufiel.

Innenpolitisch war Wolfgang Wilhelm ein eifriger Verwalter, wenn ihm auch große finanzielle Probleme erwuchsen. Der in Neuburg erfolgreiche Versuch, die Stände zu entmachten, führte in Jülich und Berg zu einem zwei Jahrzehnte dauernden Konflikt mit dem Landtag. Persönlich war der Herzog ein sehr gebildeter und vielseitig interessierter Mann. Er legte eine großartige Gemäldesammlung an und unterhielt eine berühmte Hofmusik. In seinen späteren Regierungsjahren hielt er sich hauptsächlich in Düsseldorf auf, wo er 1653 starb.

9 Böhmen, die Pfalz und der Beginn des Großen Kriegs

DER WINTERKÖNIG: KURFÜRST FRIEDRICH V. VON DER PFALZ

*1596 (Schloß Deinschwang bei Amberg), † 1632 (Mainz), reg. 1610/1614–1621 (abgesetzt), 1619–1620 als Friedrich I. Gegenkönig in Böhmen

Friedrich V. war der politische Antipode Maximilians, als gleichwertiger Gegner konnte der durchschnittlich begabte, weitgehend von seinen wenig glücklich ausgewählten Beratern und seiner ehrgeizigen und energischen Frau beherrschte Kurfürst nicht gelten. Das einzige, was ihn auszeichnete, war seine mit einem völligen Mangel an Realitätssinn gepaarte, jeden Kompromiß verweigernde Hartnäckigkeit, mit der er sich an das klammerte, was er für sein Recht und seine Ehre hielt. Diese zweifelhaften Qualitäten waren ausreichend, den persönlich gutmütigen Fürsten zu einer der verhängnisvollsten Figuren seiner Zeit zu machen.

Die kurpfälzische Linie des Hauses Wittelsbach stand im ganzen Reich einzig da mit dem konfessionellen Wechselbad, das sie ihren Untertanen zumutete. Das Herrscherhaus nahm 1545 das Luthertum an, das dann 1556 zur offiziellen Religion des Landes wurde, 1561 erfolgte der Wechsel zum Calvinismus in einer spezifisch pfälzischen Form (Heidelberger Katechismus von 1563), 1576 kam es zur Restauration des Luthertums, aber schon 1583 wurde das Land recalvinisiert, was vor allem in der Oberpfalz zu erheblichen Widerständen führte. Infolge der calvinistischen Ausrichtung orientierte sich die pfälzische Politik nach Westen und arbeitete eng mit den calvinistisch dominierten Generalstaaten der Niederlande und den französischen Hugenotten zusammen. Dies schlug sich auch in der calvinistisch-humanistisch-aristokratisch geprägten höfischen Kultur nieder, die in Heidelberg um 1600 ein glanzvolles Zentrum erhielt. Friedrichs Vater Kurfürst Friedrich IV., heiratete Luise Juliane von Oranien-Nassau, wodurch die Verbindung mit den Niederlanden gestärkt werden sollte. Die Pfalz avancierte zur Führerin der protestantischen Aktionspartei und drängte das lutherische Sachsen als traditionelle Vormacht des protestantischen Deutschland in den Hintergrund. Als 1608 der Defensivbund der protestantischen Union gegründet wurde, übernahm der pfälzische Kurfürst die Leitung, so daß sich, nachdem im Folgejahr die Katholiken mit der Liga unter Maximilian I. von Bayern als Bundesobersten nachgezogen hatten, die Häupter der beiden Linien des Hauses Wittelsbach als Führer der konfessionellen Kampfbünde in unmittelbarer Konfrontation gegenüberstanden.

Friedrich wurde an der hugenottischen Ritterakademie in Sedan erzogen. Deren Leiter, der berühmte Henri de la Tour Fürst von Sedan, kam zu keinem sehr schmeichelhaften Urteil über seinen Zögling, von dem man als Höchstes werde erwarten können, daß er gutem Rat folge. Nach seiner Rückkehr nach Heidelberg erhielt der Kurprinz eine Ausbildung als Militäringenieur, doch neigte er mehr dem eleganten Hofleben zu als entsagungsvollem Dienst. Wie es dem Klima in Heidelberg entsprach, war Friedrich kein fanatischer Calvinist, sondern vertrat eine Art Ökumene aller protestantischen Glaubensrichtungen.

Als der Vater 1610 starb, kam der 14-jährige Erbe unter der Vormundschaft Herzog Johanns von Zweibrücken an die Regierung. Einen frühen Höhepunkt stellte seine Verheiratung mit Elisabeth Stuart, Tochter König Jakobs I. von England und Schottland, dar, die 1613 in London erfolgte und aufsehenerregende Feierlichkeiten in Heidelberg nach sich zog. Sie sollte englische Rückendeckung für die ehrgeizigen Pläne gewährleisten, die am pfälzischen Hof geschmiedet wurden. Es ging um eine Neuordnung des Reiches in territorialstaatlich-calvinistischem Sinn: Die die Katholiken begünstigenden Mehrheitsbeschlüsse waren durch ein paritätisches System zu ersetzen, die Calvinisten in den Augsburger Religionsfrieden aufzunehmen und die protestantische Auslegung des Geistlichen Vorbehalts durchzusetzen. Als erstes und wichtigstes Ziel sollte aber das Kaisertum den Habsburgern entwunden werden. Die Mittel hierzu waren eine systematische Obstruktionspolitik im Reich, Instrumentalisierung der Union auch für offensive Zwecke, Schaffung einer internationalen antihabsburgischen Allianz, der durchaus auch katholische antihabsburgische Mächte wie Frankreich, Savoyen, Venedig und sogar Bayern angehören konnten. Die Versuche, Maximilian I. für die Ziele der pfälzischen Politik zu gewinnen, setzten 1616 ein und erreichten ihren Höhepunkt, als Friedrich V. sich im Februar 1618 in München mit dem bayerischen Vetter zu mehrtägigen Gesprächen traf. Die Befürchtung, das Haus Habsburg beschneide Schritt für Schritt die fürstlichen Libertäten und strebe die Erblichkeit der Kaiserwürde an, teilten beide Seiten. Doch dem Hauptanliegen des Pfälzers, Maximilian solle selbst bei der in absehbarer Zeit zu erwartenden Kaiserwahl kandidieren, versagte sich dieser, da es ihm klar war, daß es der Gegenseite darum ging, die katholische Partei zu spalten, den Wahlvorgang lahmzulegen und ein möglichst langes Interregnum unter pfälzischem Reichsvikariat herbeizuführen. Man vereinbarte jedoch, in Zukunft in ständigem Kontakt zu bleiben, um unnötige Krisen zu vermeiden. Beiderseits dürfte dies durchaus aufrichtig beabsichtigt gewesen sein, doch der böhmische Konflikt machte all diese Bestrebungen alsbald zunichte. Von Anfang an hatten die Pfälzer darauf reflektiert, durch den Erwerb der böhmischen Krone eine protestantische Mehrheit im Kurkolleg zu schaffen. Als im Folgejahr Kaiser Matthias starb und es am 28. August 1618 zur Wahl kam, schlug die Pfälzer Delegation unverdrossen Maximilian vor, doch war dessen Weigerung bekannt, und so kam es schließlich zur einstimmigen Wahl Ferdinands II. Einen Tag zuvor hatten die böhmischen Stände beschlossen, Friedrich V. die Krone des von ihnen als König von Böhmen abgesetzten Ferdinand anzubieten. Der Kurfürst zögerte, nahm aber schließlich am 28. September 1618 die Wahl an, obwohl er von vielen Seiten, selbst von den meisten protestantischen Mächten, gewarnt worden war. Auch Maximilian hatte seinem Vetter ein entsprechendes Schreiben geschickt.

»Hochgeborener Churfürst, freundlich lieber Herr und Vötter! Es ist mir Nachricht zukohmen, daß Eur Liebdn der Antrag geschechen als König nach Böheimb zugehen; So doch nit seyn sol, maßen das Unrecht und groß Unglückh uber Eur Libdn Land und leuth bringen

würdt. Ich kann hier nur widerrathen…, denn es ist auch diesem Volk [den Böhmen] gar nitt zu trauen… Geschieht so wass, undt wollen Eur Liebdn meinen guett gemainten rath nit annehmen, so thuet es mir Leidt deroselben sagen zu müessen, daß ich der Erste bin, der gegen die Böhmen und Ihren unrechtmäßigen König zu Veldte zieht…«

Maximilian I. an Friedrich V. von der Pfalz, 24. September 1619

»Man mag nicht glauben, daß der Kurfürst [Friedrich V.] so schlecht beraten sein wird, daß er diese Würde [die böhmische Königskrone] annehmen wird, die ihm einen grausamen und geradezu unauslöschlichen Krieg auf den Hals laden wird.«

William Trumbull, englischer Vertreter in Brüssel, 14. September 1619

Hinter der pfälzischen Politik steckte, wie schon seit vielen Jahren, der Einfluß einiger extrem aktivistischer, aggressiv planender Berater, die einen Krieg letztlich für unvermeidlich hielten. Eine dominierende Rolle spielte der ideenreiche und zielstrebige Fürst Christian I. von Anhalt-Bernburg, seit 1595 Statthalter in der Oberpfalz, tatsächlich aber als *spiritus rector* der kurpfälzischen Politik fungierte und im Krieg schließlich auch das militärische Kommando übernahm. Ihm zur Seite stand der einer Nürnberger Humanistenfamilie entstammende Geheime Rat Ludwig Camerarius. Er betätigte sich als Verwalter, Diplomat und politischer Publizist. Im Gegensatz zu Anhalt, der nach dem böhmischen Debakel seinen Frieden mit dem Kaiser machte, vertrat Camerarius weiterhin einen kompromißlosen Standpunkt, leitete die Exilregierung Friedrichs und trat schließlich in schwedische Dienste.

Die Annahme der Königskrone bedeutete den Bruch zwischen Friedrich und Maximilian, der nun zur wahren Nemesis seines Vetters wurde. Nichts könnte kennzeichnender für beide sein als die Art, in der sie in den nun in voller Schwere einsetzenden Dreißigjährigen Krieg eintraten. Maximilian stand an der Spitze eines finanz- und militärstarken Staates, ließ sich vom Kaiser Garantien für Schadensersatz und Belohnung geben, schlug erst los, als sichergestellt war, daß sich die anderen Ligastände, Spanien und Sachsen, an der Seite des Kaisers am Kampf beteiligten und die Kurie finanzielle Unterstützung leistete, während Frankreich, die Niederlande, England und sogar die protestantische Union sich heraushalten würden. Auf die Unterstützung eben dieser Mächte, die indes durch nichts gewährleistet war, verließ sich Friedrich, als er sich ohne nennenswerte eigene militärische Schlagkraft auf sein böhmisches Abenteuer einließ. Aber Frankreich verfolgte unter Maria von Medici eine Linie katholischer Solidarität, die Niederlande wollten sich am Ende des Waffenstillstandes mit Spanien nicht weit von ihren Grenzen militärisch engagieren, der englische König war dabei, sich Spanien politisch anzunähern, und verurteilte zudem grundsätzlich die Unterstützung einer Rebellion, und die meisten Mitglieder der Union sahen sich als Angehörige eines Defensivbündnisses, das nicht dazu gedacht war, die außenpolitischen Eskapaden der Pfalz zu decken. Zudem zeigten die böhmischen und mährischen Stände ganz und gar nicht die Leistungsbereitschaft, die in dieser Lage erforderlich gewesen wäre. So war Friedrichs Herrschaft in Böhmen nur ein einziger Winter vergönnt, was Friedrich den Spottnamen »Winterkönig« eintrug, wie überhaupt die Publizistik den Pfälzer mit Häme übergoß. Nach der Katastrophe der Schlacht auf dem Weißen Berg, während der er in Prag ein Festbankett abgehalten hatte, begann für den Exkönig und seine Familie eine bittere und demütigende Zeit des Exils, die bis an sein Lebensende dauern sollte. Böhmen und seine Nebenländer waren verloren, die Oberpfalz wurde 1621 von den Bayern besetzt, die Rheinpfalz 1620–1622 von Spaniern und Ligisten. Am 22. Februar 1621 verhängte der Kaiser die Reichsacht über Friedrich. Zwar schwangen sich immer wieder protestantische Candottieri und Potentaten zu Vorkämpfern der pfälzischen Sache auf, verfochten damit aber in erster Linie eigene Ziele, zudem wurden sie der Reihe nach von den Ligisten und Kaiserlichen geschlagen. Der Winterkönig war und blieb ein Spielball der Mächte.

Die meiste Zeit seines Exils verbrachte der Fürst ohne Land in den Niederlanden, die ihn aber finanziell sehr kurz hielten. Kompromißvorschläge, gleich ob sie vom Gegner oder vom englischen

Schwiegervater kamen, glaubte Friedrich mit Ehre und Gewissen nicht vereinbaren zu können. Selbst am Anspruch auf die böhmische Krone hielt er rigoros fest und trug so wesentlich dazu bei, daß der lange Krieg nicht zur Ruhe kam. Ein Hoffnungsschimmer blitzte noch einmal auf, als 1631 der Schwedenkönig Gustav Adolf seinen Siegeszug durch Deutschland antrat, doch dachte dieser bei aller laut bekundeten protestantischen Solidarität nicht daran, Friedrich wieder in seine mittlerweile zum Gutteil von den Schweden okkupierten Länder einzusetzen, es sei denn als Vasall der schwedischen Krone, was Friedrich empört ablehnte. So blieb ihm nur die Genugtuung, im Juni 1632 an der Seite seines mächtigen Verbündeten in München einziehen und ein wenig in der Residenz des gehaßten Gegenspielers plündern zu dürfen. Am 29. November 1632 erlag Friedrich, erst 36-jährig, im schwedisch besetzten Mainz der Pest. Auch nach seinem Tod kam der Winterkönig nicht zur Ruhe. Sein Sarg wurde nach langer Irrfahrt nach Sedan gebracht und ist dort verschollen.

DAS SCHLÜSSELEREIGNIS: DER MÜNCHNER VERTRAG VOM 8. OKTOBER 1619

Für Bayern dauerte der Dreißigjährige Krieg nur 29 Jahre, denn er begann für das Herzogtum erst im Oktober 1619. Und auch nur auf dem Papier, als ein Bündnisvertrag zwischen Maximilian I. und Kaiser Ferdinand II., dem sogenannten Münchner Vertrag. Militärische Realität wurde der Krieg für Bayern und die Katholische Liga erst im Sommer 1620. Zunächst waren Maximilian und die anderen Ligafürsten entschlossen, sich aus den böhmischen Wirren, die am 23. Mai 1618 mit dem Prager Fenstersturz begonnen hatten und die im Herbst desselben Jahres zum militärischen Konflikt zwischen böhmisch-ständischen und habsburgischen Streitkräften eskaliert waren, herauszuhalten und ein Übergreifen der Auseinandersetzung auf deutschen Reichsboden zu verhindern. Die Protestantische Union verhielt sich gleichfalls abwartend. Im August und September 1619 erfolgten aber in raschem Abstand mehrere Ereignisse, die die Ausweitung des Aufstandes zum internationalen Krieg herbeiführten. Die böhmischen Stände setzten am 19. August den zwei Jahre zuvor als König von Böhmen angenommenen Erzherzog Ferdinand von Steiermark ab und wählten am 27. den Kurfürsten Friedrich V. von der Pfalz zum König. Einen Tag danach, am 28. August, wurde Ferdinand von Steiermark in Frankfurt am Main einstimmig als Ferdinand II. zum Kaiser gewählt. Unaufhaltsam wurde die Katastrophe, als Friedrich V. allen Warnungen zum Trotz am 28. September die böhmische Krone annahm. Am 1. Oktober, auf dem Rückweg nach Wien, traf Ferdinand II. in der Münchner Residenz ein. Er befand sich in Begleitung des spanischen Gesandten Conde de Oñate. Kurz vorher war gemeldet worden, der Fürst von Siebenbürgen, Bethlen Gábor, habe als Verbündeter der Aufständischen Ungarn überrannt und nähere sich Wien. Die Lage Ferdinands erschien aufs Äußerste gefährdet und damit auch die ganze katholisch-habsburgische Position nicht nur in Böhmen und seinen Nebenländern, sondern auch in Ober- und Niederösterreich, die sich gleichfalls in Aufruhr befanden. Zugleich drohte eine protestantische Mehrheit im Kurkollegium und infolgedessen langfristig ein protestantisches Kaisertum (s, S. 155f.). So hieß es sehr treffend in der Präambel des nun in München ausgearbeiteten Vertrags, man habe ihn geschlossen »in der unmittelbarsten und extremen Gefahr« – »*praesentissimo et extremo periculo*«, in der die Kaiserliche Majestät, das Haus Österreich, alle katholischen Reichsstände, ja die katholische Religion selbst schwebten.

Maximilians Räte hatten bereits mehrere Denkschriften vorbereitet, die nun in der ersten Oktoberwoche mit den Vertretern des Kaisers verhandelt wurden. Das Ergebnis war der Münchner Vertrag vom 8. Oktober 1619. Maximilian verpflichtete sich, das »freie und absolute Direktorium« einer katholischen Defensivallianz und deren Streitmacht zu übernehmen und nach seinem Ermessen einzugreifen unter der Voraussetzung, daß die nötigen Mittel bereitstünden. Keine Seite durfte eigenmächtig Verhandlungen mit dem Feind aufnehmen oder Waffenstillstand schließen. Alle Kosten, die dem bayerischen Herzog über seine regulären Ligabeiträge und den normalen Defensionsetat seines Landes hinaus entstanden, waren ihm vollständig zu erstatten.

Vorerst durfte er sich Pfandbesitz aus den zurückeroberten habsburgischen Ländern sichern und diese bis zur restlosen Bezahlung besetzt halten und nutzen. Sollte er selbst territoriale Einbußen erleiden, so mußte er hierfür aus österreichischem Besitz entschädigt werden. Diese offiziellen Bedingungen bewegten sich im normalen Rahmen solcher Abmachungen, wenn auch die Entscheidungshoheit und der nicht festgelegte Handlungsrahmen, die dem Herzog eingeräumt wurden, außerordentlich waren und von der Notlage des Kaisers zeugen.

Darüber hinaus kam es noch zu zwei mündlichen Absprachen zwischen Ferdinand II. und Maximilian, in denen zusätzliche, äußerst folgenschwere Versprechungen gemacht wurden. Zum einen versicherte der Kaiser dem Verbündeten, er werde die Kurwürde vom pfälzischen auf den bayerischen Zweig des Hauses Wittelsbach übertragen (s. S. 145). Das entsprach natürlich ganz den Wünschen Maximilians und mußte einen großen Anreiz bieten, sich mit aller Kraft für die kaiserliche Sache zu engagieren. Ferdinand hat später mehrfach bestätigt, er habe dieses Angebot »aus eigenem Antrieb« – *»proprio motu«*- gemacht, sei also nicht vom Herzog überredet oder gar unter Druck gesetzt worden. Außerdem habe ihm der spanische Gesandte Oñate geraten, Maximilian die Kurwürde zu versprechen.

In der zweiten mündlichen Absprache wurde dem Bayern zugesagt, im Reich gemachte Eroberungen würden in seinen Lehensbesitz übergehen, womit in erster Linie die Länder des pfälzischen Kurfürsten gemeint sein mußten. Diese Abmachung wurde im Mai 1620 von Ferdinand schriftlich bestätigt. Beide Absprachen setzten stillschweigend voraus, daß über den Pfälzer wegen Landfriedensbruches die Reichsacht verhängt werden würde.

Da Maximilian in den Folgejahren hartnäckig auf der Einlösung dieser Versprechungen beharrte und damit den Widerstand auf protestantischer Seite immer wieder erneut entfachte, hat man ihm häufig rücksichtslosen Egoismus und kleinliche Rechthaberei vorgeworfen und ihn für die Fortdauer des Krieges verantwortlich gemacht. Aber alle Fürsten haben sich in vergleichbaren Situationen in ähnlicher Weise verhalten, aus reinem Altruismus leistete keine Macht militärische Hilfestellung. Als

Kaiser Maximilian I. im Landshuter Erbfolgekrieg zu Beginn des 16. Jahrhunderts der Linie Bayern-München zum Sieg über die Pfalz verhalf, ließ er sich das mit der Abtretung der Gerichte Kufstein, Rattenberg und Kitzbühel bezahlen. Als Moritz von Sachsen sich im Schmalkaldischen Krieg auf die Seite Kaiser Karls V. stellte, erhielt er die sächsische Kurwürde auf seinen Zweig des Hauses Wettin übertragen. Johann Georg von Sachsen, der als Verbündeter des Kaisers und Bayerns in den Böhmischen Krieg eintrat, bekam Ober- und Niederlausitz als Pfänder zugesichert, die sang- und klanglos in seinen Dauerbesitz übergingen, obwohl er ungleich weniger zum Sieg beigetragen hatte als der bayerische Herzog. Außerdem stellte man ihm ein ledig werdendes Fürstentum im Reich in Aussicht, womit wohl die Besitzungen Christians von Anhalt gemeint waren. Schweden brachte als Bezahlung für die »Rettung des deutschen Protestantismus und der deutschen Libertät« große Teile der norddeutschen Küstengebiete in seinen Besitz.

Maximilian I. hat durchaus nicht auf seinen Maximalforderungen bestanden. Bei der Verrechnung der Oberpfalz mit den kaiserlichen Kriegsschulden war er zu erheblichen Abstrichen bereit. Auf versprochene territoriale Entschädigungen in Tirol und in Württemberg (Heidenheim) hat er verzichtet, letztlich auch auf die rechtsrheinische Pfalz. Auch ist die Annahme unrealistisch, Dänemark, Schweden, die hinter den Kulissen schürenden nördlichen Niederlande oder gar Frankreich hätten sich nicht in den Krieg eingemischt, wäre nicht das Pfalzproblem gewesen. Dieses bildete allenfalls eine der moralisierenden, publikumswirksamen Rechtfertigungen für die Wahrnehmung viel tiefer liegender strategischer und politischer Interessen – wie es das Verhalten des siegreichen Gustav Adolf gegenüber Friedrich V. mehr als deutlich zeigt. Es ist also nicht gerechtfertigt, Maximilian I. hier einseitig zum Sündenbock zu machen.

Der Münchner Vertrag war die Weichenstellung, die der Politik Maximilians bis zum Kriegsende die Richtung wies. Der Vertrag konnte allerdings seine volle Wirksamkeit nur unter den im Sommer des Folgejahres geschaffenen Voraussetzungen entwikkeln, die es Maximilian gestatteten, die volle Schlagkraft der

Liga in Oberösterreich und in Böhmen zum Einsatz zu bringen. Diese Voraussetzungen boten sich ihm durch den Abschluß des Ulmer Vertrags am 3. Juli 1620 zwischen der Union und der Liga, deren Streitkräfte sich seit Wochen im schwäbischen Raum gegenüberstanden. Er kam unter Vermittlung einer französischen Gesandtschaft zustande und brachte Maximilian I. in eine äußerst vorteilhafte strategische Lage. Liga und Union erklärten sich innerhalb des Reiches für neutral. Weder die Spanier, deren Angriff auf die Rheinpfalz bevorstand, noch die Kriegsschauplätze im Osten waren in diese Regelung eingeschlossen. Da die spanische Offensive die Aufmerksamkeit der Union fesseln würde, und da die Mitglieder des protestantischen Bündnisses ohnehin keinerlei Neigung hatten, sich in Böhmen zu engagieren, hatte Maximilian nun den Rücken frei und konnte sich nach Osten wenden. Mit dem Einmarsch in Oberösterreich begann die Realisierung des Münchener Abkommens mit all ihren weitreichenden Konsequenzen.

VERBÜNDETER, SCHWAGER UND SCHWIEGERVATER: KAISER FERDINAND II.

* 1578 (Graz), † 1637 (Wien)

Ferdinand II. aus der steirischen Linie der österreichischen Habsburger war der engste Verbündete Maximilians I. in der Konfessions- wie in der Reichspolitik. Freilich war dieses Bündnis nicht ohne Spannungen. Es herrschte ein meist unterdrücktes, gelegentlich aber deutlich hervortretendes Konkurrenzdenken, das teils aus der alten Rivalität der Häuser Habsburg und Wittelsbach resultierte, teils aus einem gewissen persönlichen Überlegenheitsgefühl Maximilians gegenüber dem gutmütig und schwach wirkenden Ferdinand, teils aus den Ambitionen des Habsburgers, die kaiserliche Position auf Kosten der Reichsfürsten zu stärken. Dazu trat die gewiß als demütigend empfundene Dankesschuld des Kaisers gegenüber seinem mächtigen Vasallen und die Rigorosität und Hartnäckigkeit, mit der dieser diese Schuld einforderte und damit Ferdinand in immer neue potentiell konfliktverlängernde Situationen brachte. Was die beiden vereinte, war neben der selbst für fürstliche Verhältnisse außergewöhnlich engen verwandtschaftlichen Verflechtung der Häuser Habsburg und Wittelsbach – was allerdings nie eine dauerhafte Garantie für harmonisches Zusammenwirken darstellte – die gemeinsame gegenreformatorische Überzeugung, die gleiche frühabsolutistische, antiständische Politik und die Absicht, die hergebrachte Reichsverfassung aufrechtzuerhalten, wenngleich es in letzterem Punkt, wie schon angedeutet, nicht unerhebliche Differenzen gab.

Ferdinands Vater war Karl II. von Innerösterreich (Steiermark, Kärnten, Krain), einer der jüngeren Söhne Kaiser Ferdinands I. und Annas von Bayern. Die Mutter war Maximilians Tante Maria Anna von Bayern I. In erster Ehe heiratete Ferdinand 1600 Maria Anna von Bayern II., eine Schwester Maximilians. Aus dieser Ehe entsprossen Kaiser Ferdinand III. und Maria Anna von Österreich, die Maximilian 1635 in zweiter Ehe heiratete. Nachdem Maria Anna von Bayern I. 1616 gestorben war, ehelichte Ferdinand II. 1622 Eleonore von Mantua aus dem Haus Gonzaga.

Während der Kindheit und Jugend Ferdinands waren in Innerösterreich die überwiegend protestantischen Stände zu einer wirksamen Gegenkraft zum katholischen Landesherrn geworden. Die wittelsbachische Mutter pflanzte Ferdinand eine entschieden gegenreformatorische Haltung ein, in der er durch seine jesuitischen Erzieher noch bestärkt wurde, namentlich während seiner Studienzeit an der bayerischen Landesuniversität Ingolstadt 1590–1595, die sich zeitweise mit Maximilians Aufenthalt an dieser Hochschule überschnitt. Wilhelm V. kümmerte sich persönlich um die Erziehung des Erzherzogs und verfaßte für ihn einen Fürstenspiegel, den er ihm zum Abschied überreichte. Eine Romreise 1598 wirkte gleichfalls in diesem Sinn. 1596 übernahm Ferdinand die Herrschaft in Innerösterreich und machte sich mit aller Energie und letztlich auch mit Erfolg an die Verwirklichung eines radikal gegenreformatorischen Programms, mit dem er zugleich die Macht der Stände zu brechen beabsichtigte. Der Adel wurde vor die Alternative Konversion oder Emigration gestellt. Da weder Kaiser Rudolf II. noch dessen Bruder Matthias Nachkommen hatten, beschloss man, von den

Erzherzögen Ferdinand als Kandidat für das Kaisertum zu bestimmen. Wie üblich, wurde er noch zu Lebzeiten Kaiser Matthias' 1617 zum König von Böhmen gewählt und in Prag gekrönt, 1618 folgte die Wahl zum König von Ungarn. Die mehrheitlich protestantischen böhmischen Stände bereuten ihre Wahl schon bald, als Ferdinand unverzüglich gegenreformatorische Maßnahmen ergriff. So kam es 1618 zum Prager Fenstersturz und dem Aufstand in Böhmen und Mähren, dem sich auch die Stände in Ober- und Niederösterreich anschlossen. Die habsburgische Herrschaft und die katholische Religion schienen in den Erblanden schwer gefährdet, als am 20. März 1619 Kaiser Matthias starb. Am 19. August setzten die böhmischen Stände Ferdinand ab, neun Tage später wurde dieser aber in Frankfurt zum deutsch-römischen Kaiser gewählt und am 9. September gekrönt.

Als die Böhmen Friedrich von der Pfalz die Krone anboten und dieser sie annahm, war die Ausweitung des böhmischen Aufstands zu dem großen Krieg, der 30 Jahre dauern sollte, Tatsache. Ferdinand schloß am 8. Oktober 1619 mit Maximilian I. den folgenreichen Münchner Vertrag, der ihm die Unterstützung der Katholischen Liga sicherte (s. S. 132). Nachdem im Folgejahr Oberösterreich von der Liga besetzt und mit dem triumphalen Sieg auf dem Weißen Berg der böhmische Aufstand niedergeschlagen war, leitete Ferdinand systematische Straf- und Rekatholisierungsmaßnahmen ein, die eine völlige Umschichtung der Macht- und Besitzverhältnisse zur Folge hatten. Die Ächtung Friedrichs V./I. von der Pfalz/Böhmen, um Maximilian belohnen zu können, und die Kurübertragung trugen den Krieg mehr und mehr nach Deutschland und internationalisierten den Konflikt in wachsendem Maß. Um der immer neuen Interventionen Herr zu werden, vertraute Ferdinand die kaiserliche Kriegführung ab 1625 dem militärischen Großunternehmer Albrecht von Wallenstein an, der die kaiserlich-katholische Siegesserie an der Seite Tillys fortsetzte. Ferdinand konnte sich damit auch aus der Abhängigkeit von Maximilian I. befreien, doch die immer unheimlicher erscheinende Machtstellung Wallensteins rief den Widerstand der Reichsfürsten hervor, allen voran des frischgebackenen bayerischen Kurfürsten. Auf dem Regensburger Kurfürstentag 1630 erlitt der Kaiser eine schwere politische Niederlage und musste Wallenstein entlassen. Doch schon 1631 wurde das elf Jahre dauernde militärische Übergewicht der katholischen Partei von Gustav Adolf von Schweden gebrochen und Wallenstein mußte zurückgerufen werden. Zu diesem Umschwung hatte wesentlich das nicht zuletzt von Maximilian I. initiierte Restitutionsedikt von 1629 beigetragen, mit dem der Kaiser im Hochgefühl des Sieges einseitig die Rückgabe des seit 1552 von protestantischen Reichständen vereinnahmten katholischen Kirchenbesitzes verfügt und damit Sachsen und Brandenburg in die Arme der Schweden getrieben hatte. Wallenstein gelang es zwar, die Lage wieder einigermaßen zu stabilisieren, doch seine undurchsichtige Strategie und seine verdächtigen Geheimverhandlungen ließen Ferdinand schließlich keine andere Wahl, als seinen Generalissimus am 25. Februar 1634 eliminieren zu lassen. Noch im selben Jahr gelang es, im Zusammenwirken mit Spanien und der Liga den großen Sieg von Nördlingen zu erringen und die schwedische Übermacht zu brechen. Dies schuf die Voraussetzung für den Frieden von Prag (30. Mai 1635), der gegen Zugeständnisse auf konfessionellem Gebiet zu einer Stärkung der kaiserlichen Position führte. Indem sich Frankreich hierdurch veranlaßt sah, aktiv in den Krieg einzutreten, war dieser Sieg letztlich nicht von Dauer, doch als Ferdinand am 15. Februar 1637 starb, konnte er im Bewußtsein die Augen schließen, die habsburgische Position und das katholische Bekenntnis in den Erblanden auf Dauer gesichert und im Reich das Kaisertum ausgebaut zu haben. Das nicht immer reibungslose Zusammenspiel zwischen Ferdinand II. und Maximilian I. hatte die ersten Jahrzehnte des Dreißigjährigen Krieges geprägt, die habsburgische Herrschaft in den Erblanden gerettet und gestärkt und dem Wittelsbacher Kurwürde und Oberpfalz eingebracht.

Antikisierendes Reiterportrait Kaiser Ferdinands II. Der Kupferstich des Marcus Christoph Sadeler nach Egidius Sadeler von 1629 zeigt den Kaiser auf dem Höhepunkt seiner Erfolge als römischen Imperator. Er steht im Jahr des Restitutionsedikts zwischen den Verkörperungen der Kirche und der Gerechtigkeit. Seine ketzerischen Gegner liegen hingestreckt unter den Hufen seines Pferdes.

»Ich kann Euer k. Majestät nicht verhehlen, dass derselben Armada ungeachtet meiner vielfältigen wohlmeinenden Erinnerungen mit Rauben, Plündern, Brennen, ja sogar Niederhauung unschuldiger katholischer Personen beiderlei Geschlechts, mit Ranzionierung [Lösegelderpressung] der Gehorsamen, mit Entführung der Weibspersonen und Jungfrauen, mit Plünderung von Kirchen und Klöstern um sich wüthet und selbst seinen eigenen Proviant räuberisch anfällt. Der gemeine Mann ist ruiniert und zur äußersten Verzweiflung getrieben und wird sich in vielen Jahren nicht erholen können, wie dann auch S.M. im Falle des Sieges durch viele und lange Jahre aus diesem verderbten und devastirten Königreiche keines Einkommens sich erfreuen werden…«

Maximilian I. an Ferdinand II., 5. Oktober 1620
(nach Gindely, Geschichte, Bd. III, 320f.)

Der entscheidendste Sieg:
Die Schlacht auf dem Weißen Berg, 8. November 1620

Die erste Schlacht des Dreißigjährigen Krieges sollte nicht seine größte sein, aber seine weitaus entscheidendste und langfristig folgenschwerste, für Böhmen, für die habsburgischen Lande, für das Reich und für Bayern. Sie fand auf dem Weißen Berg (Bílá Hora) sieben Kilometer westlich von Prag statt und wurde damals auch meist Schlacht bei Prag genannt. Die beiden anderen dramatischen Wendepunktschlachten des Krieges – Breitenfeld/Leipzig I 1631 und Nördlingen 1634 – waren in ihren Auswirkungen weit kurzlebiger. Das Übergewicht, das der Triumph auf dem Weißen Berg der kaiserlich-ligistischen Seite verlieh, leitete zwar eine zehnjährige Siegesserie ein, brach dann aber mit der Katastrophe von Breitenfeld schlagartig zusammen. Auch der beinahe kriegsbeendende Sieg der Kaiserlichen, Ligisten und Spanier bei Nördlingen demolierte zwar die schwedische Dominanz, wurde aber durch den offenen Kriegseintritt Frankreichs, wenige Monate später, wieder aufgehoben. Die Schlacht auf dem Weißen Berg dagegen zerschlug den ständisch-protestantischen Widerstand in Böhmen, Mähren, Ober- und Niederösterreich endgültig und schuf die Voraussetzungen für die gründliche Rekatholisierung dieser Gebiete und den Ausbau der habsburgischen Monarchie in absolutistischem Sinn. Damit wurden auch das habsburgische Kaisertum und das katholische Übergewicht in den obersten Gremien des Reiches bewahrt. Für Bayern waren der Gewinn der Kurwürde und der Oberpfalz im Gefolge dieser Schlacht dauerhafte Errungenschaften. Sie schufen aber auch die Voraussetzungen für die Fortdauer des Krieges.

Die Schlacht auf dem Weißen Berg war eine der drei Schlachten, an denen Maximilian I. persönlich teilnahm (die beiden anderen waren Rain am Lech und Alte Veste, beide 1632). Wenn er auch die unmittelbare Truppenführung seinem Generalleutnant Tilly (s. S. 110f.) überließ und sich während des Kampfes selbst auf das Beten beschränkte, so hatte er doch durch seine Entscheidungen im Kriegsrat wesentlich dazu beigetragen, daß die Schlacht energisch gesucht und unter den obwaltenden schwierigen Verhältnissen tatsächlich durchgefochten wurde. Auch fungierte er vertragsgemäß bei gemeinsamem Agieren mit den Kaiserlichen als Oberbefehlshaber, so daß ihn Verantwortung und Hauptverdienst trafen. Der Sieg auf dem Weißen Berg war zu allererst sein Sieg.

Es hatte dabei den hartnäckigen Widerstand des erfahrenen, aber vorsichtigen und zudem verwundeten kaiserlichen Kommandeurs, des Grafen Bucquoy, zu überwinden gegolten, dem es zu riskant erschien, einen Bach zu überschreiten, unter den Augen des schlagbereiten Gegners aufzumarschieren und schließlich, den Bach im Rücken, eine starke Höhenstellung anzugreifen. Der stets aggressive Tilly sah seine seit Wochen ständig vordringende Armee im moralischen Vorteil und wollte, wie stets, den Feldzug mit einem entscheidenden Schlag beenden, statt sich auf eine langwierige Belagerung Prags einzulassen, wie sich das aus Bucquoys Strategie ergeben hätte. Angesichts der fortgeschrittenen Jahreszeit, der großen versorgungstechnischen Probleme in einer verwüsteten Landschaft und der in der Armee grassierenden Seuchen stellte sich Maximilian mit aller Entschiedenheit hinter die Angriffsabsichten seines Feldherrn. Die Auseinandersetzungen im Kriegsrat hatten später noch eine scharfe publizistische Kontroverse zur Folge, als sich Maximilian genötigt sah, Tillys Reputation gegen Angriffe des Beichtvaters Bucquoys in Schutz zu nehmen. Signifikant war der effektvolle Auftritt des charismatischen Mystikers und Generaldefensors des Karmeliterordens, Dominicus a Jesu Maria, im Kriegsrat. Überhaupt war die Schlacht auf dem Weißen Berg die am stärksten religiös geprägte Schlacht des ganzen Krieges.

Die 22.000 Mann starke böhmisch-pfälzische Armee, deren Moral durch die ständigen Rückzüge und das Ausbleiben der Soldzahlungen stark angeschlagen war, hielt dem Ansturm der nach Absingen des »*Salve Regina*« mit dem

Schlachtgeschrei »*Sancta Maria*« angreifenden 25.000 Kaiserlichen und Ligisten nicht lange stand und löste sich unter Hinterlassung von 3–4.000 Toten und Verwundeten und 1.000 Gefangenen in wilder Flucht auf. Die Sieger hatten etwa 1.000 Tote und Verwundete verloren. Friedrich V., der während der Schlacht eine englische Delegation in Prag festlich empfangen hatte, ergriff sofort die Flucht, die Stadt wurde am nächsten Tag widerstandslos übergeben. Damit war der Böhmische Krieg entschieden. Der Sieg auf dem Weißen Berg wurde in der katholischen Welt wie ein Wunder gefeiert. Drei Kirchen widmete man der *Sancta Maria de Victoria,* eine auf dem Schlachtfeld, eine in Prag und eine in Rom. In letztere ließ Maximilian einen Teil der auf dem Weißen Berg erbeuteten Fahnen und Standarten schicken sowie auch das kleine, von protestantischen Bilderstürmern verstümmelte Gemälde mit Darstellung der Hl. Familie, das Dominicus in der Schlacht mit sich geführt hatte. Auch nach späteren Siegen stiftete Maximilian Trophäen nach Rom. Zwar sind die meisten, wie auch das Bild verbrannt, aber noch immer hängen in der Sakristei von S. Maria della Vittoria eine bei Stadtlohn erbeutete Fahne, vier monumentale Gemälde der Schlacht von 1620 sowie ein Portrait Maximilians.

»...Kaum hatte der böhmische Janus die gefährlichen Tore seines Tempels geöffnet [im alten Rom Zeichen des Kriegsausbruchs], da zitterten die festen Rebellenstädte deutscher Sprache [»Alemanna«, gemeint ist sicher Oberösterreich] unter Deinem Rautenbanner. Das Prager Königlein [»Regulus«, Friedrich V. von der Pfalz] entrollte nun in eitler Verblendung das Banner des Verrates: in den Fluten, die Kriegsgott Mars hin- und herwogen läßt, wie drängte da die mannhafte Tugend [Virtus] die Wechselfälle des Kampfes zu überwinden!«

Jacob Balde, Ode auf Maximilian I., 1641, Vers 66–74

Allegorie auf Maximilian I. und seine der göttlichen Gnade und dem Schutz Mariens zu verdankenden Erfolge. Der Kupferstich Wolfgang Kilians nach Johann Ulrich Windberger ist der Kopf eines Thesenblattes der Universität Ingolstadt von 1631. Der Kurfürst steht vor einem gerauteten Feldherrnzelt, das vom kurbayerischen Wappen geziert wird. Er weist auf eine vor dem Zelt aufgepflanzte Standarte mit dem Bild der »Gnadenmutter Maria«. Links im Hintergrund ist Heidelberg, die 1622 von Tilly eroberte Hauptstadt Friedrichs V. von der Pfalz, zu sehen, davor ein Pfeiler mit der Aufschrift »Wegen der der Gnade zurückgegebenen Pfalz«, gekrönt vom Apokalyptischen Weib. Daneben fliegt Victoria mit Lorbeerkränzen auf Maximilian zu. Rechts vom Zelt im Hintergrund München, davor eine Säule mit der Aufschrift »Wegen des in der Gnade erhaltenen Bayern«, darüber die Himmelskönigin auf feurigem Wagen. Links daneben der Kaiseradler, der in seinen Fängen Kurhut und Reichsapfel als Belohnung für Maximilian bringt. Im Vordergrund bändigen die weiblichen Verkörperungen von Tapferkeit, Schnelligkeit, Glück und Klugheit den als gepanzerten Reiter auftretenden Krieg, den Pfälzischen und den Böhmischen (?) Löwen und die von einem wilden Roß dargestellten Leidenschaften.

»Die sachen seindt jetzt weit gebracht, das eisen ist waich, Eur. Mt. verlieren nur die zeit und occasion nit, dann der gegenteil vigiliert [ist auf der Hut] und feiert nit.«

Maximilian I. an Ferdinand II., 16. November 1620

10 Die Belohnung: Kurwürde und Oberpfalz

DER KAMPF UM DIE KURWÜRDE

Unter den Kriegszielen Maximilians I. nahm die Übertragung der pfälzischen Kurwürde an die bayerischen Wittelsbacher eine zentrale Stellung ein, sie entwickelte sich rasch zu einer *conditio sine qua non*. Warum maß er der Kurwürde eine so außerordentliche Bedeutung bei?

Der Kurfürst (*Elector*) besaß unter den Reichsfürsten den obersten Rang, die Präeminenz. Sein wichtigstes Vorrecht war die Wahl des Römischen Königs und Deutschen Kaisers. Seitdem die Kaiserwürde nicht mehr von der Krönung durch den Papst abhing, handelte es sich *de facto* um die unmittelbare Wahl des Kaisers. Die Wahl des Römischen Königs bedeutete dagegen die Bestimmung des Nachfolgers noch zu Lebzeiten des Kaisers, eine etwas heikle Angelegenheit, da die Gefahr bestand, daß sich so aus der Wahlmonarchie eine habsburgische Erbmonarchie entwickelte. Der Kaiser mußte eine von den Kurfürsten von Fall zu Fall neu formulierte Wahlkapitulation unterzeichnen, in der er allerlei Verpflichtungen und Einschränkungen anerkannte. Neben dem Wahlrecht besaßen die Kurfürsten eine Reihe weiterer Privilegien wie Immunität, Rechtshoheit (*privilegium de non appellando*), Unteilbarkeit ihrer Territorien. Sie galten als die »innersten Räte« des Kaisers, mit denen er alle das Reich betreffenden Maßnahmen besprechen sollte, als das Scharnier zwischen dem Kaiser und den Reichsständen, als »Säulen des Reiches«. Sie waren dabei einem doppelten Druck von oben und von unten ausgesetzt. Von oben versuchten manche Kaiser ihre zentrale Machtstellung auszubauen, was zwangsläufig zu Lasten der Kurfürsten ging, nach unten mußten sie die eifersüchtige Konkurrenz der übrigen Reichsfürsten abwehren. Die Kurfürsten trafen sich auf den Kurfürstentagen, bei denen man unterscheidet zwischen den wählenden, wo es um die Wahl des neuen Kaisers oder des Römischen Königs ging, und den nichtwählenden, auf denen nur über die anstehenden Probleme beratschlagt wurde.

Diese Kurfürstentage traten zur Zeit des Dreißigjährigen Krieges, als der aus Abgeordneten aller Stände zusammengesetzte Reichstag wegen der konfessionellen Gegensätze blockiert war, weitgehend an die Stelle der Großversammlungen. Daher spielten die Kurfürsten in dieser Zeit eine besonders mächtige Rolle – kein Wunder, daß Maximilian dabei sein wollte.

Neben Kurkolleg und Kurfürstentag gab es den Kurverein, in dem sich die meisten Kurfürsten zusammenschlossen, um ihre Standesinteressen zu vertreten. Beim Eintritt, der nicht zwingend war, wurde ein entsprechender Eid abgelegt. Im Gegensatz zu den Kurfürstentagen nahm an den Sitzungen des Kurvereins der Kaiser nicht teil. Bei den Reichstagen bildeten die Kurfürsten das oberste Gremium, den Kurfürstenrat.

Das wählende Kurkollegium bestand aus sieben Mitgliedern, die in der Goldenen Bulle von 1356 festgelegt worden waren. Es gab drei geistliche Kurfürsten, nämlich die Fürsterzbischöfe von Mainz, Köln und Trier, und vier weltliche, der Pfalzgraf bei Rhein (Wittelsbach), der Herzog von Sachsen (Wettin), der Markgraf von Brandenburg (Hohenzollern) und der König von Böhmen (eine Wahlmonarchie, die seit 1526 ständig in der Hand der Habsburger war). Der Kurfürst von Mainz besaß als Kurerzkanzler den höchsten Rang, unter den weltlichen Kurfürsten war der Pfalzgraf bei Rhein als Reichstruchsess der vornehmste (fünfte Kur). Der eigentlich ranghöhere König von Böhmen (vierte Kur) hatte, da er in Personalunion Kaiser war, einen Sonderstatus und war mit Ausnahme der Wahrnehmung des Wahlrechts von den Beratungen ausgeschlossen. Zwischen dem Tod eines Kaisers und dem Amtsantritt seines Nachfolgers übte der pfälzische Kurfürst das Reichsvikariat (Stellvertretung) im Westen und Süden des Reiches aus, der von Sachsen im Norden und Osten.

Die bayerischen Wittelsbacher sahen sich seit 1356 aus dem Kurkolleg ausgeschlossen, obwohl im Hausvertrag von Pavia von 1329 vorgesehen war, daß die bayerischen und pfälzischen Wittelsbacher die Kurwürde abwechselnd bekleiden. Aber Kaiser Karl IV. wollte die Familie seines Vorgängers und Todfeindes, Ludwig des Bayern, aus dem Kolleg entfernt sehen. Seitdem unternahmen die bayerischen Wittelsbacher immer wieder

Anläufe, das Unrecht von 1356 rückgängig zu machen. Sie erreichten auch einige Male, daß ihr Anrecht verklausulierte Anerkennung fand, aber stets blieb es bei der Theorie. Nah am Ziel war man 1546, als sich der Pfälzer dem protestantischen Schmalkaldischen Bund gegen Kaiser Karl V. angeschlossen hatte und in die Reichsacht getan wurde. Der Kaiser stellte dem treuen Herzog von Bayern die Übertragung der Kur in Aussicht, aber der Pfälzer unterwarf sich rechtzeitig und rettete damit seinen Kurhut. Zum einzigen Präzedenzfall für die Kurtranslation auf Maximilian I. kam es 75 Jahre später, sie betraf das Kurfürstentum Sachsen. Johann Friedrich I. aus der Ernestinischen Linie des Hauses Wettin hatte sich gleichfalls dem Schmalkaldischen Bund angeschlossen und wurde geschlagen, gefangen genommen, zum Tode verurteilt, begnadigt und abgesetzt. Die Kurwürde ging auf dem Augsburger Reichstag von 1547 an Moritz von Sachsen, der trotz seines lutherischen Bekenntnisses den Kaiser entscheidend unterstützt hatte, und damit an die Albertinische Linie.

Eine Gelegenheit ergab sich ab 1619, als Friedrich V. von der Pfalz die Wahl zum König von Böhmen annahm, den Kampf mit dem gerade gewählten Kaiser Ferdinand II. aufnahm und sich damit der Rebellion und des Landfriedensbruches schuldig machte (s. S. 127f.). Verschärft wurde die Situtation noch durch den konfessionellen Gegensatz, indem mit der Behauptung der böhmischen Königskrone durch einen Protestanten die katholische Mehrheit im Kurkolleg von 4:3 in eine protestantische umgeschlagen wäre und bei nächster Gelegenheit mit der Wahl eines protestantischen Kaisers hätte gerechnet werden müssen. Um die dringend benötigte bayerisch-ligistische Militärhilfe zu finden, bot Ferdinand II. im Oktober 1619 Maximilian I. die pfälzische Kurwürde an. Daß der Herzog, der schon längst seine Geschichtsschreiber daran arbeiten ließ, den Anspruch der bayerischen Linie auf den Kurhut zu begründen, sich diese historische Gelegenheit nicht entgehen ließ, war selbstverständlich und hätte auch kein anderer Fürst getan. Nicht hat Maximilian diese Situation bewußt herbeigeführt und Friedrich V. etwa in die Falle hat tappen lassen – er hätte den pfälzischen Vetter sonst schwerlich so dringend vor der Annahme der böhmischen Krone gewarnt (s. S. 129) –, aber da sich die Konstellation einmal so ergeben hatte, gedachte er sie voll zu nutzen.

Nachdem er von Maximilian militärisch und politisch gerettet worden war, stand Ferdinand II. nun im Wort. Die Komplikationen, die sich daraus ergaben, traten alsbald deutlich zutage. Wenn auch die meisten protestantischen Reichsstände das Abenteuer Friedrichs V. verurteilt hatten, so wollten sie ihn doch nicht geächtet und all seiner Würden und seines Besitzes beraubt sehen, denn das hätte eine gewaltige Machtverschiebung zugunsten der Katholiken bedeutet – im Kurkolleg eine Mehrheit von 5:2 für die Altkirchlichen und außerdem die Rekatholisierung aller pfälzischen Gebiete. Auch widerstrebte den Kurfürsten die Vernichtung eines Kollegen durch kaiserlichen Machtspruch. Der englische König, der seinem Schwiegersohn die Unterstützung verweigert hatte, wollte nicht, daß seine Tochter das Schicksal einer vertriebenen Ex-Fürstin ohne Rang und Land führen müsse, und intervenierte daher zugunsten des Winterkönigs. Auch Spanien war strikt gegen die Kurübertragung, da man angesichts des wieder ausbrechenden Krieges in den Niederlanden England nicht verärgern, keine neuen Gegner auf den Plan rufen und das strategisch wichtige Rheinland nicht zum Dauerkriegsschauplatz machen wollte, welch letzterer Gesichtspunkt selbst den Enthusiasmus der dort regierenden geistlichen Kurfürsten dämpfte. Freundlicher zeigte sich Frankreich, dem die Stärkung eines nichthabsburgischen katholischen Reichsfürsten wünschenswert erschien. Rückhaltlos stellte sich nur der Papst hinter die Ansprüche Maximilians, angesichts des konfessionellen Eifers Ferdinands II. freilich ein wichtiger Faktor.

Ferdinand und Maximilian wußten beide, daß Reichsacht, Kurübertragung und Belehnung mit den pfälzischen Territorien kaum durchzusetzen waren, wenn man den regulären Weg über die Gremien des Reiches ging. So blieb nur eine handstreichartige Lösung, wie das Karl V. 1547 vorexerziert hatte und wie man das auch schon im Fall von Donauwörth gemacht hatte (s. S. 118f.). Freilich verstieß der Kaiser damit gegen seine Wahlkapitulation. Zur Rechtfertigung diente der Druck der Kriegslage, die keine langen und lähmenden Prozeduren dulde. Als Voraussetzung für die weiteren Schritte erging im Januar 1621 die Reichsacht gegen den Pfälzer (s. S. 138f.). Die Übertragung der Kurwürde erfolgte auf päpstlichen Druck am 22. September 1621, streng geheim, da Ferdinand II. die vorhersehbaren Proteste vermeiden und vor allem Kursachsen und Kurbrandenburg sich nicht zum Feind machen wollte. Das war aber für Maximilian letztlich wertlos. Nachdem der Krieg auch auf dem westlichen Schauplatz als gewonnen gelten konnte, ließ sich Ferdinand schließlich dazu bringen, in einer den Verlegenheitscharakter der Maßnahme spiegelnden Zeremonie auf einem schwach besuchten Fürstentag in Regensburg am 25. Februar 1623 Maximilian die persönliche Kurwürde für seine »getrewe und dapffere dienst« öffentlich zu verleihen. Wenn auch dieser jetzt Kurhut und Reichsapfel, letzterern als Symbol der fünften Kur, stolz in seinem Wappen präsentierte, so war die Situation dennoch keineswegs befriedigend. Denn die Kurfürsten von Sachsen und Brandenburg verweigerten ihm nach wie vor die Anerkennung und den Zutritt zum Kurverein. Der weitere siegreiche Verlauf des Krieges brachte aber Maximilian dem vollen Erfolg immer näher. 1624 bzw. 1627 stimmten zuerst Sachsen und dann auch Brandenburg der Aufnahme in das Kurkolleg zu, am 4. März 1628 belehnte schließlich der Kaiser Maximilian mit der erblichen Kurwürde. Doch die pfälzische Frage spukte weiterhin ungelöst durch die internationale Diplomatie. Nachdem die kaiserlich-ligistische Siegesserie 1631 abbrach, mußte Maximilian immer damit rechnen, daß seine Errungenschaften einem Kompromißfrieden zum Opfer fallen. Erst der Westfälische Frieden 1648 bewirkte eine gesicherte Lösung. Bayern behielt die vornehme alte pfälzische Kur, die nun eine bayerische war; für die kurpfälzische Linie wurde eine neue, etwas minderwertige achte Kur geschaffen.

Kaiser Ferdinand II. verleiht auf dem Regensburger Fürstentag am 25. Februar 1623 Maximilian I. die bisher pfälzische fünfte Kurwürde auf Lebenszeit. Tafelgemälde aus dem Fürstenzyklus im wittelsbachischen Hauskloster Scheyern, 1624/1625. Das Bild ist mehr symbolisch als realistisch einzustufen. Der Staatsakt fand nicht im Freien statt, sondern in einem Saal des Bischofshofes. Die Kurfürsten waren keineswegs vollzählig versammelt, sondern außer dem Kaiser als König von Böhmen hatten sich nur die Kurfürsten von Mainz und Köln persönlich eingefunden, Trier hatte einen Bevollmächtigten geschickt. Die Vertreter der Kurfürsten von Sachsen und Brandenburg, sowie die Pfalz-Neuburgs und Spaniens blieben unter Protest fern. Unter dem vor dem Kaiser knieenden Maximilian ist ein Schriftblock eingefügt, der die entscheidende Botschaft enthält: »Nach 246 Jahren bringe ich die durch höchst glückliche Waffentaten und heroische Tugend verdiente Kurwürde an Bayern zurück.«

Die Palatina

Maximilian I. hatte gerade in den ersten Kriegsjahren viel Unterstützung durch den Heiligen Stuhl erhalten, in finanzieller wie in diplomatischer Hinsicht, insbesondere bei seinen Bemühungen um die Kurwürde. Das erzeugte eine Erwartung auf Gegenleistungen. Die gewichtigste wurde von dem Kardinalnepoten Papst Gregors XV. Ludovico Ludovisi recht unverhohlen angeregt, die berühmte kurpfälzische Bibliothek in Heidelberg, bekannt als »Palatina« (»die Pfälzische«). Der Wunsch wurde schon im Vorfeld der erwarteten Eroberung der pfälzischen Hauptstadt geäußert. Als Maximilian am 22. September 1622 dem Papst die tatsächliche Erstürmung Heidelbergs mitteilte, bot er ihm die Palatina als Geschenk, was dankend angenommen wurde. Einige Bücher und Manuskripte, die von besonderem Interesse für die bayerische Geschichte waren, ließ Maximilian aussondern, der Hauptbestand von 3.600 Manuskripten und 7.000 Druckwerken wurde nach München gebracht, teilweise mit eigens angefertigten kurfürstlichen Exlibris versehen und auf Maultieren nach Rom verfrachtet, wo sie am 9. August 1623 eintrafen, kurz nach dem Tod des Papstes. Die meisten der Exlibris zeigten bereits das neue kurbayerische Wappen und verkündeten stolz: »Ich stamme aus der Bibliothek, die in Heidelberg erobert, zur Beute gemacht und an den Pontifex Maximus Gregor XV. als Trophäe geschickt hat Maximilian, Herzog beider Bayern, kaiserlicher Erztruchseß und Kurfürst.« Entgegen den Wünschen Maximilians wurde die Bibliothek nicht als »Gregoriana« zusammengehalten, sondern auf verschiedene Bestände verteilt. Man hat den Kurfürsten anachronistischerweise für diese Verschleppung »nationalen« Kulturguts schwer getadelt. Doch angesichts der äußerst wichtigen päpstlichen Unterstützung hatte er keine andere Wahl, zumal auch der Kaiser Interesse angemeldet hatte. Ironie des Schicksals: Wäre die Bibliothek in Heidelberg geblieben, wäre sie mit ziemlicher Sicherheit der Zerstörung der Stadt durch die Franzosen 1688/1693 zum Opfer gefallen. Über 1.300 Manuskripte von besonderem Interesse für die deutsche Geschichte wurden im 19. Jahrhundert nach Heidelberg zurückgegeben.

Reiterbildnis Maximilians I. im Kurfürstenornat. Anonymer Stich aus dem Jahre 1623. Während in der offiziellen Portraitkunst Bildnisse Maximilians im Ornat der neuen Würde fehlen, kommen sie in der populären Druckgraphik gelegentlich vor. In der Hand hält Maximilian den Reichsapfel, der das mit der fünften Kur verbundene Reichtruchsessenamt symbolisiert. Die Stadt im Hintergrund ist nicht identifizierbar.

Die Oberpfalz

Neben der Kurwürde bildete die Oberpfalz den bleibenden Gewinn, den Maximilian I. aus dem Dreißigjährigen Krieg davontrug. Damit gehörte Bayern zu den wenigen Reichsständen, die ihr Territorium im Westfälischen Frieden nennenswert vergrößern konnten. Freilich handelte es sich nur um eine Besitzverschiebung innerhalb des Hauses Wittelsbach, weshalb Maximilian von späteren Historikern (Ranke, Riezler) getadelt wurde, für die ohnehin wittelsbachische Oberpfalz den Pfandbesitz Oberösterreichs hergegeben zu haben. Das ist aber vom 19. Jahrhundert her gedacht. Der Gegensatz zwischen der Kurpfalz und Bayern war im 16./17. Jahrhundert weit größer und bitterer als der zwischen Wittelsbach und Habsburg. Es galt als großer Gewinn, den Pfälzern eines ihrer Hauptgebiete abgenommen zu haben, zumal das auch mit einem großflächigen Erfolg der Gegenreformation zusammenfiel, indem Maximilian das eroberte Land bleibend rekatholisierte. Daß infolge des Aussterbens mehrerer Linien des Hauses Wittelsbach in der 2. Hälfte des 18. Jahrhunderts die pfälzisch-bayerischen Territorien in einer Hand vereinigt werden, konnte zur Zeit Maximilians niemand ahnen.

Die Oberpfalz war 1329 im Hausvertrag von Pavia der pfälzischen Linie überlassen worden. Der bayerische Nordgau befand sich zu Beginn des Dreißigjährigen Krieges in starker Zersplitterung. Neben den kurpfälzischen Territorien, die den größten Teil ausmachten, gab es vor allem noch die pfalz-neuburgischen Gebiete (Sulzbach), die Landgrafschaft Leuchtenberg (die 1646 im Erbgang an Bayern fallen sollte) und die als Pfandschaft an die Pfälzer gekommene bayerische Markgrafschaft Cham. Die Oberpfalz war landwirtschaftlich kein sehr ertragreiches Gebiet, doch hatte sie bis ins 16. Jahrhundert hinein dank ihrer Bodenschätze – vor allem Eisenerz – eine wirtschaftlich bedeutende Rolle gespielt, die jetzt freilich im Niedergang begriffen war. Maximilian hatte mit dem Eroberungszug von 1621–1622 Oberösterreich, die Oberpfalz und die rechtsrheinische Unterpfalz besetzt. Letztere,auf die der Bayer gleichfalls Anspruch erhob und sie lange besetzt hielt, sie auch zu rekatholisieren begann, mußte er im Westfälischen Frieden der pfälzischen Linie zurückgeben. Oberösterreich war problematisch, da der Kaiser nach wie vor offizieller Landesherr war und sich in die Regierungsgeschäfte mischte, was nicht zuletzt den schweren Bauernaufstand von 1626 auslöste, den man nur mühsam niederwerfen konnte. Maximilian zog daher den festen, unabhängigen Besitz der Oberpfalz vor. Im Prager Abkommen von 1623 war ihm schon die provisorische Verfügungsgewalt über das Gebiet samt der Markgrafschaft Cham zugesprochen worden. Am 2. Februar 1628 wurde er in aller Form mit der Oberpfalz belehnt und gab im Mai im Gegenzug dem Kaiser Oberösterreich zurück. Damit galten die habsburgischen Kriegsschulden für abgegolten, obwohl laut den Münchner Abmachungen von 1619 die Pfalzen als erobertes feindliches Gebiet an Maximilian hätten fallen müssen, ohne mit den Schulden aufgerechnet zu werden (s. S. 132f.). Weshalb der verhandlungsharte Kurfürst das nicht geltend machte, wissen wir nicht. Möglicherweise war es die Aussicht auf die erbliche Kurwürde, die ihm prompt am 4. März 1628 verliehen wurde.

Gleich nach der Besetzung unternahm Maximilian erste Schritte zur Rekatholisierung, der fünfte Konfessionswechsel innerhalb von 65 Jahren. Offiziell war die Oberpfalz bei der Besetzung calvinistisch, doch gab es immer noch zahlreiche Lutheraner. Solange er nicht im uneingeschränkten Besitz des Landes war, begnügte sich Maximilian mit der Ausweisung der calvinistischen Prediger als Vertretern einer vom Religionsfrieden nicht anerkannten Sekte und mit der Etablierung von Niederlassungen der Jesuiten und anderer Reformorden. Nach der Belehnung erließ er jedoch am 27. April 1628 ein Religionspatent, mit dem die radikale Gegenreformation eingeleitet wurde. In der Praxis wurden viele Ausnahmen gemacht, so daß sich vereinzelte Protestanten noch in der 2. Hälfte des 17.Jahrhunderts im Land befanden. Die Erfolge der Gegenreformation überstanden auch den Westfälischen Frieden, da in diesem die Oberpfalz vom Normaljahr 1624 ausgenommen wurde.

Repressiv verhielt sich Maximilian auch gegenüber den Oberpfälzer Ständen. Die Situation erlaubte es ihm, Privilegien hier noch stärker einzuschränken als in Altbayern. Ein Landtag existierte nicht einmal theoretisch.

»Ach mein Gott, seind wir so verirrte Leut. Ich bin lutherisch geboren und darin auferzogen: Wie der calvinisch und zwinglisch Glauben in diese Pfalz kommen, habe ich müssen dieses Glaubens werden. Jetzt kommen die Bapisten auch, sagen, ihr Glauben sey der recht, dann er seye der ältere. Wir seind halt ganz verirrt.«

Der wegen unorthodoxer Reden vor Gericht zitierte
Schmied Johann Ortung aus Waldeck (Oberpfalz), 1627

11 Höhepunkt und Krise

AUF DEM GIPFEL DER SIEGE: DAS RESTITUTIONSEDIKT VON 1629

Nach den erneuten Siegen über die pfälzische Partei und ihre ausländischen Unterstützer im Niedersächsich-Dänischen Krieg hielt die katholische Seite den Augenblick für gekommen, die Besitzverhältnisse im Reich zu ihren Gunsten zu revidieren. »*In culmine victoriarum* [auf dem Gipfel der Siege], da das spil vast gewonnen«, charakterisierte der bayerische Geheimrat Wilhelm Jocher Ende 1627 triumphierend die Lage der katholischen Partei. In dieser Situation galt es, die Gelegenheit nicht zu versäumen, die »wider alle recht occupirte erz-, stüft [Stifte] und praelaturn zu reocuperirn«, so die Instruktion Maximilians I. für die bayerischen Gesandten auf dem Mühlhausener Kurfürstentag. Es ging um die Rückgabe des seit dem Augsburger Religionsfrieden von 1555 von protestantischen Fürsten vereinnahmten Kirchenbesitzes, wodurch diese nach katholischer Auffassung gegen den Religionsfrieden verstoßen hatten.

Der entscheidende Punkt war die Interpretation des »Geistlichen Vorbehalts« (*Reservatum Ecclesiasticum*), den Kaiser Ferdinand I. in den Text des Religionsfriedens eingefügt hatte, wonach von dem im Vertrag anerkannten Reformationsrecht der Fürsten die Inhaber geistlicher Herrschaften ausgenommen seien. Da es sich hier um keinen erblichen Familienbesitz handle, sondern um gewählte Bischöfe und Äbte, dürfen diese nicht ihre vorübergehende Verfügungsgewalt über Kircheneigentum in dynastischen Besitz umwandeln, wenn sie zum Protestantismus überträten. Sie haben in einem solchen Fall ihre Ämter und Würden niederzulegen und eine Neuwahl zu ermöglichen. Begreiflicherweise waren die Katholiken der Ansicht, es könne nicht Sinn des Religionsfriedens sein, daß die Gegenseite, nachdem man nun schon ihre bis 1552/1555 gemachten Gewinne hingenommen hatte, in diesem Stil weitermache. Die protestantischen Stände hatten in Augsburg dem Vorbehalt zwar widersprochen, aber das Friedensdokument letztlich akzeptiert, womit in katholischer Sicht der Geistliche Vorbehalt geltendes

Reichsrecht geworden war. Die Protestanten hielten ihn dagegen für eine einseitige kaiserliche Erklärung, die nicht bindend sei, und fuhren mit ihren Säkularisationen ungebremst fort. Zwei Erzstifte und 13 Hochstifte gingen der Reichskirche seit 1555 auf diese Weise in Norddeutschland verloren, ferner wurden über 500 landständische Klöster in Besitz genommen, vornehmlich in Südwestdeutschland. Mit knapper Not konnte man im Kölner Krieg von 1583–1585 den Verlust des Erzstifts Köln und der mit diesem verbundenen Kurwürde verhindern. Im Übrigen kam es immer wieder zu Verfahren über einzelne Enteignungen vor dem Reichskammergericht und dem kaiserlichen Hofrat, die aber von den Protestanten blockiert wurden, da auf Grund der Mehrheitsverhältnisse in diesen Institutionen die Urteile zu Gunsten der Katholiken auszufallen pflegten. Indem die Rechtsprechung lahmgelegt und gütliches Einvernehmen in der immer aufgeheizteren Atmosphäre nicht herzustellen war, forderten nun die geistlichen Kurfürsten, der Kaiser müsse in einer solchen Lage von seinem – allerdings umstrittenen – Recht Gebrauch machen, die »*Gravamina*« durch Schiedsspruch zu entscheiden, wobei es zunächst nur um die landständischen Klöster ging. Um die kaisertreuen Kurfürsten von Sachsen und Brandenburg nicht ins gegnerische Lager zu treiben, zeigte man auf dem Kurfürstentag in Mühlhausen (Thüringen) im Herbst 1627 diesen gegenüber einiges Entgegenkommen. Der entscheidende Schritt zur Ausweitung und Verschärfung der Rückgabeforderungen ging von Maximilian I. aus. Wieder kam es zu heftigen Diskussionen im kurfürstlichen Hofrat zwischen den kompromißbereiten »Politici« und den radikalen Vertretern der katholischen Gegenoffensive, angeführt von Pater Contzen. Maximilian folgte schließlich dessen Ratschlägen und ließ Ende Oktober 1627 dem Kaiser vortragen, man müsse zu einer einheitlichen, pauschalen Regelung des Problems kommen, um wieder Rechtseinheit und Rechtssicherheit herzustellen. Dies erfordere die authentische Interpretation des Augsburger Religionsfriedens durch den Kaiser als Akt der Gesetzgebung. Die seit 1552/1555 an die Protestanten verloren gegangenen Territorien seien ausnahmslos zurückzugeben. Das mache komplizierte Einzelverfahren überflüssig und könne sofort flächendeckend in die Tat umgesetzt werden. Wichtig war Maximilian auch das ausdrückliche Verbot des Calvinismus und anderer Sekten, da der Augsburger Religionsfriede nur das Luthertum als zweite Konfession neben dem Katholizismus anerkannt hatte. Es war nicht schwer, den Kaiser von der Notwendigkeit dieser Maßnahmen zu überzeugen. Die ausführliche rechtliche Argumentation lieferte der Dillinger Jesuit Paul Laymann, der die unbedingte Gültigkeit des Geistlichen Vorbehalts zur Grundlage machte. Nach langen geheimen Beratungen erließ Ferdinand II. am 6. März 1629 das Restitutionsedikt in seiner rigorosesten Form. Die entsetzten Protestanten machten Gegenvorschläge, in denen sie viele Zugeständnisse anboten, aber katholischerseits wollte man im Vollgefühl des Sieges nicht vom Erreichten abgehen, stelle doch das Edikt »*finis belli et fructus*« [den Zweck und die Frucht des Krieges] dar, so das Gutachten Contzens vom September 1629. Dank ihrer militärischen Präsenz in weiten Teilen des Reiches konnten die kaiserlichen und ligistischen Streitkräfte die Exekution des Edikts rasch und mit Erfolg in Angriff nehmen. Bis 1631 waren 2 Erzstifte, 5 Hochstifte, 2 Reichsabteien und ca. 150 landständische Klöster und Kirchen wieder in katholischen Besitz zurückgeführt.

Gewiß ist es weit übertrieben, zu behaupten, das Restitutionsedikt habe die »Axt an die Wurzeln des Protestantismus« gelegt (Leopold von Ranke), denn es reduzierte den Besitzstand der Protestanten lediglich auf das, womit sie 1555 zufrieden gewesen waren. Aber man gibt Errungenes ungern wieder her, und zudem war die Befürchtung groß, dies stelle nur den ersten Schritt zu einer noch weitergehenden Zurückdrängung des Protestantismus dar. Auf jeden Fall war das Edikt eine wichtige Voraussetzung für das Eingreifen Gustav Adolfs als »Retter des deutschen Protestantismus« und wirkte sich daher gerade für die Verantwortlichen verhängnisvoll aus, wie Maximilian selbst in später Reue feststellte. Man hat in seiner Politik in dieser Frage einen Beweis dafür gesehen, daß der Krieg für ihn bis zu diesem Zeitpunkt primär ein Religionskrieg gewesen sei, denn bayerischerseits habe man nur wenig direkten Vorteil aus dem Edikt ziehen können. Die wichtigsten zurückgewonnenen Stifte gingen an das Haus Habsburg und nicht an Wittelsbach. Vor allem hätte es für Maximilian vorrangig sein müssen, die Konflikte im Reich zu beruhigen, statt sie weiter zu schüren, denn das konnte schnell seine bisherigen Gewinne wieder in Gefahr bringen. Andererseits war das Calvinismusverbot gerade in der pfälzischen Frage von großem Wert für ihn, da es die Ächtung und Enteignung des calvinistischen Gegenspielers und damit die bayerische Rechtsposition zementierte. In der Frage des Restitutionsedikts hat doch wohl der militante Gegenreformator Maximilian den pragmatischen Realpolitiker in kontraproduktiver Weise mitgerissen.

EIN KURZLEBIGER TRIUMPH: DER REGENSBURGER KURFÜRSTENTAG VON 1630

Als Maximilian I. am 25. Juli 1630 an der Spitze eines zahlreichen Gefolges prachtvollen Einzug in Regensburg hielt, wo seit dem 3. Juli unter Vorsitz des Kaisers ein Kurfürstentag stattfand, hatte er den Höhepunkt seiner Macht und seines Ansehens erreicht. Selbst der ihm feindlich gesonnene spanische Staatsmann Olivares traute ihm zu, daß er »weiterhin ganz Europa tyrannisiert und dessen Schiedsrichter wird.« (6. Juli 1630, nach Albrecht, Maximilian I, S. 752).

»Der Herzog von Bayern ist so mächtig und gefürchtet, daß der Kaiser, seine Räte und die Kurfürsten zu ihm aufblicken und von seiner Autorität und Entscheidung sich abhängig fühlen. Ich hätte nie geglaubt, daß dieser Fürst so geachtet, respektiert, geehrt, et mixto odio et timore [in einer Mischung aus Haß und Furcht] verehrt werden könnte.«

Der vom englischen König als Interessenvertreter Friedrichs V. zum Regensburger Kurfürstentag gesandte Johann Joachim von Rusdorf an den pfälzischen Hof in Den Haag, November 1630 (Original Französisch)

Der bis in den November dauernde Kurfürstentag war ein Knotenpunkt, in dem die internationalen Stränge des großen Konflikts sich bündelten. Manche dieser Stränge rührten aus der Vergangenheit, manche wiesen in die Zukunft. Der Friede von Lübeck hatte ein Jahr zuvor die Dänisch-Niedersächsische Phase mit einem erneuten Erfolg des Kaisers und der Liga beendet und die dänische Intervention abgewehrt. Mit dem Restitionsedikt hatte die katholische Restauration im selben Jahr ihren Höhepunkt erreicht und tiefe Unruhe im protestantischen Lager erzeugt. Wallenstein hielt mit seiner riesigen, im Namen des Kaisers auftretenden Armee weite Teile Norddeutschlands besetzt, war zum Herzog von Mecklenburg erhoben worden und erregte größten Widerwillen unter den Reichsfürsten. Der Kaiser hatte sich an der Seite Spaniens gegen Frankreich im Mantuanischen Erbfolgekrieg engagiert und damit auch Papst Urban VIII. gegen sich aufgebracht. Weit im Norden landete drei Tage nach Eröffnung des Kurfürstentages der Schwedenkönig Gustav Adolf auf Usedom und eröffnete damit seine Intervention im deutschen Krieg.

Sehen wir uns kurz die Hauptanliegen an, mit denen der Kaiser, die katholischen Kurfürsten – die beiden protestantischen waren aus Ärger über das Restitutionsedikt ferngeblieben –und die zahlreichen in- und ausländischen Gesandten nach Regensburg gekommen waren.

Der Kaiser wollte zunächst und vor allem seinen Sohn Ferdinand, König von Ungarn, zum Römischen König und damit zum designierten Nachfolger wählen lassen. Ferner hatte er vor, Unterstützung für die habsburgischen Kriege in Italien und in den Niederlanden zu finden. Und schließlich hoffte er, in der Wallensteinfrage einen Kompromiß zu erreichen, der es ihm erlaubte, seinen Generalissimus im Amt zu halten und die Liga auf Dauer zur Seite zu schieben, wenn nicht gänzlich aufzulösen.

Die Ziele der Spanier liefen in die gleiche Richtung, wobei für sie natürlich ihre Interessen in Italien und den Niederlanden im Mittelpunkt standen. Ihr Lieblingsprojekt war die Gründung einer Habsburgliga, die den Kaiser, Spanien und die Katholische Liga Maximilians im Kampf gegen die nördlichen Niederlande, Frankreich und jetzt auch Schweden zusammenführen sollte.

Kardinal Richelieu, der bestimmende Kopf der französischen Politik, arbeitete dagegen an einem möglichst umfassenden Bündnis über die Konfessionsgrenzen hinweg, das der von ihm befürchteten Hegemonialstellung der spanischen und österreichischen Habsburger entgegentreten sollte. Er stand bereits eng mit den Niederlanden und Schweden in Kontakt, doch war es ihm sehr wichtig, auch antihabsburgische katholische Mächte wie Venedig, Savoyen und –wie er hoffte – die deutschen Ligafürsten , allen voran Maximilian I., für dieses Bündnis zu gewinnen, schon um den Vorwurf zu entkräften, das katholische Frankreich betreibe eine protestantenfreundliche Außenpolitik. Ganz ähnlich sah der Papst, der die Ausdehnung des habsburgischen Einflusses in Italien erbittert bekämpfte, die Situation. Für Richelieu wie für Urban VIII. war Maximilian I. die Schlüsselfigur.

In der Tat konnte die französische Politik, die in Regensburg durch keinen Geringeren als Richelieus »Graue Eminenz«, den Kapuzinerpater Joseph, vertreten war, bei Maximilian an wichtigen Punkten erfolgversprechend ansetzen. Der bayerische Kurfürst sah wie alle Reichsfürsten, katholische wie protestantische, mit äußerstem Unbehagen die kaiserliche Machtausdehnung, die in Wallenstein einen Exponenten von bedrohlicher Qualität gefunden hatte. Die übergroße Armee des Generalissimus und ihr als ruinös empfundenes Aussaugungssystem machten diesen allen Reichsständen verhaßt. Dazu kam, daß man ihm Pläne zutraute, die Reichsfürsten zu entmachten, sich womöglich selbst zum Kaiser aufzuschwingen. Für Maximilian I. war dieser Verdacht seit 1628 durch die »Kapuzinerrelationen« Pater Alexanders von Hales, die aus der unmittelbaren Umgebung Wallensteins stammten, zur Gewißheit geworden. Maximilian setzte sich an die Spitze des Widerstandes, der sich den Sturz des Generalissimus zum Ziel gesetzt hatte. Ferner bekämpfte er alle Versuche, die Liga und das Reich in äußere Konflikte zu verwickeln, die nur im Interesse der Habsburger waren, vor allem der Spanier. Hier kam, wie Dieter Albrecht beobachtet hat, ein geradezu irrationales Element hinzu, nämlich Maximilians instinktive Abneigung gegen die Spanier, der eine selbst durch herbe Enttäuschungen kaum zu erschütternde Sympathie für Frankreich gegenüberstand. Da Bayern im Konflikt mit dem übermächtig zu werden drohenden Kaiser und seinen spanischen Verwandten den Rückhalt an einer katholischen Großmacht brauchte, blieb ohnehin nur Frankreich, eine Richtung, in die der Kurfürst auch vom Papst gedrängt wurde. So waren schon seit geraumer Zeit Verhandlungen mit den Franzosen in Gang gekommen, die erfolgversprechend verliefen, doch sich immer wieder an einem Punkt festfuhren: trotz des äußerst gespannten Verhältnisses zu den Habsburgern kam es für Maximilian nicht infrage, sich auf irgendetwas einzulassen, was als Verstoß gegen seine Pflichten gegenüber Kaiser und Reich hätte gelten können. Dieser Konflikt sollte ihn bis zum Ende des Krieges begleiten.

Als nun auf dem fünfmonatigen Kurfürstentag die Entscheidungen fielen, erlitt der Kaiser eine Niederlage nach der anderen. Am 13. August beugte er sich dem massiven Druck der Fürsten und entließ Wallenstein. Dies warf natürlich die Frage der Nachfolge auf, die Maximilian am unmittelbarsten berührte. Am 13. Oktober kam ein von Maximilian I. vermittelter Generalfriedensvertrag zwischen dem Kaiser, dem Reich und Frankreich zustande, der den Mantuanischen Erbfolgekrieg zu beenden schien. Der Kurfürst erhielt dafür vom Papst ein überschwengliches Dankschreiben. Dem von Pater Joseph unterzeichneten Dokument verweigerte aber Richelieu die Zustimmung, da der Kapuziner seine Vollmachten überschritten habe. Der inzwischen eingetretene Waffenstillstand begünstigte die stark unter Druck geratene französische Armee und wirkte sich nachteilig für den Kaiser und seine Verbündeten aus. Maximilians Frankreichfreundlichkeit hatte sich hier also nicht bewährt. Der Bitte der Spanier um Unterstützung durch die Liga verweigerte sich der Kurfürst hartnäckig. Die Wahl des Römischen Königs verschoben die Kurfürsten, sie sollte erst nach Wiederherstellung des Friedens durch das vollständige Kollegium erfolgen.

Als ungemein zäh erwies sich die Frage des Oberkommandos über die kaiserliche Armee. Einstimmig plädierten die Kurfürsten für Maximilian I. als neuen Oberbefehlshaber. In ihrem Gutachten bestätigten die kaiserlichen Räte, daß der Wittelsbacher alle erforderlichen Qualitäten besitze (s. S. 103f.), hielten es aber gerade deshalb für sehr bedenklich, ihn in eine so mächtige Position zu bringen. Keinesfalls dürfe man ihm die Vollmachten Wallensteins einräumen. Der Kaiser stimmte der Wahl zu, knüpfte aber eine Reihe von Bedingungen daran, die das Amt schließlich für

Maximilian unattraktiv machten. Die Liga-Armee sollte in der kaiserlichen aufgehen, womit ihm sein wichtigstes machtpolitisches Instrument entwunden worden wäre. Ferner verweigerte man ihm das Recht, die höheren Offiziere zu ernennen und deutete an, er könne zu Exekutionen gegen protestantische Fürsten, vor allem Sachsen, gezwungen werden. Ende September lehnte er das Oberkommando ab, das dann Anfang November dem schon sehr betagten Tilly übertragen wurde. Der sollte sich im nächsten Jahr im Kampf gegen Gustav Adolf von der Aufgabe des doppelten Kommandos über die Armeen der Liga und des Kaisers überfordert zeigen, zumal es ihn in einen Konflikt zwischen seinen bayerischen und habsburgischen Loyalitäten stürzte.

Ähnlich wie Maximilian 1619 die angebotene Kaiserkanditatur ausgeschlagen hatte, verweigerte er sich hier der ganz großen Herausforderung. In beiden Fällen hatte er gute Gründe für seine Entscheidung, doch fragt es sich, ob nicht auch eine in seiner Vorsicht wurzelnde Scheu vor der Verantwortung und ein Mangel an Kühnheit, an zupackendem Selbstvertrauen vorlag. Es ist vor allem diese Überlegung, die veranlasst, ihm den Beinamen eines »Großen« zu verweigern.

DIPLOMATISCHE ILLUSIONEN UND MILITÄRISCHE REALITÄTEN: DER VERTRAG VON FONTAINEBLEAU, 31.MAI 1631

Nach dem Regensburger Kurfürstentag vom Herbst 1630 entwickelte sich die diplomatisch-strategische Situation zu einem Dreiecksverhältnis Richelieu – Maximilian I. – Gustav Adolf, wobei der französische Staatsmann den ehrgeizigen Versuch unternahm, die beiden anderen Mitspieler wie Marionetten einzusetzen und unter Kontrolle zu halten. Objekt der bündnispolitischen Manöver war der Kaiser, der seit der Entlassung Wallensteins militärisch und machtpolitisch im Abseits stand und der nachhaltig daran gehindert werden sollte, wieder ein das Gleichgewicht bedrohendes Potential aufzubauen, wie er es noch im Sommer 1630 besessen hatte. Nach wie vor strebte der Kardinal ein gegen Habsburg gerichtetes überkonfessionelles Bündnis mit Maximilian I. als Haupt an, wenn nicht in paneuropäischem

Maßstab, so doch wenigstens im deutschen, wobei er vornehmlich an ein Zusammengehen Bayerns mit Sachsen dachte. Die heftige Reaktion auch der gemäßigten protestantischen Reichsstände auf das Restitutionsedikt stand dem aber im Weg. Trotzdem konnte ein Bündnis der Liga mit dem französischen König der Ausgangspunkt für die erwünschte dritte Kraft im Reich mit Frankreich als Schutzmacht werden.

Da aber Maximilians Skrupel gegenüber Kaiser, Reich und Kirche stets einer entschieden antihabsburgischen Frontstellung im Wege stehen würden, schien es doch unentbehrlich, eine aggressive Gegengewalt in die Waagschale zu werfen. Für diese Rolle bot sich nun der Schwedenkönig Gustav Adolf an, der gerade dabei war, seine Position in Pommern und Mecklenburg auszubauen. Um ernsthaft in die deutschen Verhältnisse einzugreifen, brauchte er aber dringend Geld. So schloß Richelieu mit ihm am 23. Januar 1631 den Vertrag von Bärwalde. Um den Kaiser angreifen zu können, erhielt der König erhebliche französische Subsidienzahlungen, der Liga gegenüber versuchte man, ihn auf einen Neutralitätskurs festzulegen, vorausgesetzt, daß auch die Liga sich neutral verhält. Der Schwede interpretierte das jedoch so, daß es in seinem Ermessen stehe, was er konkret für einen Neutralitätsbruch hält. Damit war Richelieu von Anfang an die Kontrolle über das Bündnis entglitten.

Die sich schon seit Jahren hinziehenden Verhandlungen zwischen Bayern und Frankreich führten vier Monate nach Regensburg gleichfalls zu einem Bündnisvertrag, dem von Fontainebleau (8./31. Mai 1631). Die Punkte, die bisher den Abschluß verzögert hatten, konnten jetzt erstaunlich rasch gelöst werden und zwar im Sinne Maximilians. Dies waren die Anerkennung der bayerischen Kurwürde, die zu verteidigen sich Frankreich ausdrücklich verpflichtete, und der Vorbehalt, in dem Bayerns Pflichten gegenüber Kaiser und Reich anerkannt wurden. Es war ein Nichtangriffs- und Beistandspakt, durch den beide Seiten gebunden waren, im Verteidigungsfall dem Partner mit einer vereinbarten Truppenmacht zu Hilfe zu kommen. Die Tatsache, daß Maximilian sich in Regensburg verpflichtet hatte, dem Kaiser gegen einen schwedischen Angriff beizustehen, und daß Tilly zugleich Oberbefehlshaber der kaiserlichen und der ligistischen Truppen war, ließ sich nun schwerlich mit den Neutralitätsbestimmungen des Bärwalder Vertrages in Einklang bringen. Der Kardinal hatte da ein Eisen zu viel im Feuer. Gewiß war ihm ein sich lang entscheidungslos hinschleppender Feldzug in Nord- und Mitteldeutschland vorgeschwebt, den er jonglierend unter Kontrolle halten und politisch ausbeuten konnte. Doch hatte er da seine Rechnung ohne Gustav Adolf gemacht. Mit einem einzigen Schwertstreich zerfetzte er das diplomatische Gespinst Richelieus und warf die bisherigen Kräfteverhältnisse über den Haufen. Dieser Streich erfolgte am 17. September 1631 bei Breitenfeld. Tillys Streitmacht erlitt eine vernichtende Niederlage. Schon im Oktober standen die Schweden am Main, nahmen Würzburg und Mainz ein, eine Invasion Bayerns, wenn nicht der habsburgischen Erblande, drohte.

Natürlich reklamierte Maximilian nun die Beistandsverpflichtung Frankreichs. Richelieu reagierte ausweichend, indem er darauf verwies, Tilly habe die Schweden angegriffen, also sei kein Verteidigungsfall gegeben. Doch war der ligistische Feldherr lediglich der im Vertrag von Fontainebleau zugestandenen Hilfspflicht für Kaiser und Reich nachgekommen. Der Kardinal schickte im Dezember den Diplomaten Hercule de Charnacé, der schon den Vertrag von Bärwald ausgehandelt hatte, nach München und anschließend ins schwedische Hauptquartier in Mainz. Er unterbreitete Maximilian Neutralitätsvorschläge, die dieser nach Rücksprache mit seinen Räten und Theologen schließlich annahm. Bayern bot die Neutralität an, vorausgesetzt Gustav Adolf räume alle besetzten katholischen Gebiete, gebe die Unterstützung Friedrichs V. auf und erlaube den Kaiserlichen freien Abzug. Der Schwede lehnte, wie kaum anders zu erwarten, sofort ab. Am 19. Januar 1632 formulierte er seine eigenen Bedingungen, unter denen er der Neutralität zuzustimmen bereit war. Die ligistischen Truppen hatten alle noch in Norddeutschland besetzten Stifte zu räumen, während die Schweden die in ihrer Hand befindlichen Gebiete bis zum Friedensschluß zu behalten gedachten. Die Armee der Liga war auf 12.000 Mann zu reduzieren, die nicht geschlossen zusammengehalten werden durften. Er gewährte zwei, schließlich drei Wochen Bedenkzeit. Charnacé akzeptierte diese Bedingungen, was einer Kapitulation gleichkam. Für Maximilian waren sie unannehmbar, so daß ihm nichts anderes übrig blieb, als sich hilfesuchend an den Kaiser und schließlich an den im April wieder in sein Kommando eingesetzten verhaßten Wallenstein zu wenden. Aber dieser ließ sich Zeit – aus plausiblen militärischen Gründen, gewiß aber auch aus solchen der persönlichen Genugtuung. Mitte April durchstieß Gustav Adolf die Donau- und Lechlinie und drohte Bayern mit Feuer und Schwert zu verwüsten, was auch sehr bald schon schreckliche Realität werden sollte. Im Lager vor Ingolstadt versuchte der französische Gesandte am bayerischen Hof, der Marquis de Saint Etienne, noch einmal, den Schweden zur Einstellung seiner Offensive gegen das Kurfürstentum zu bewegen. Als der Franzose die persönlichen Vorzüge und innenpolitischen Verdienste des Kurfürsten pries, antwortete Gustav Adolf nicht sehr freundlich, auch »eine Laus habe ihre häuslichen Tugenden«. Als Saint Etienne französischen Unwillen andeutete, fertigte ihn der König mit der Bemerkung ab, die Franzosen sollten nur kommen, es sei ihm gleichgültig, gegen welches Volk er kämpfe. Die französische Diplomatie stand nach Breitenfeld vor dem Offenbarungseid. So ließ man Maximilian fallen, denn eine militärische Konfrontation mit den Schweden konnte man sich weder militärisch noch politisch leisten. Das zeigte deutlichst, daß Bayern nach Breitenfeld zu einer zweitrangigen Macht abgesunken war.

»Weil ich mich von Ihrer Kais. Mt. [Kaiserlichen Majestät] nit hab wollen absondern und trennen lassen, sondern bei derselben standhaft verblieben, so muß ich dessen jetzt bei den Schweden entgelten. Hoff Gott, Jr. Kais. Mt. und E.L. [Euer Liebden] werden mich nit lassen zuschand werden.«

Maximilian I. an Wallenstein, 5. April 1632

»Der feindt wirdt täglich störkher und ist uns an anzahl sehr uberlegen. Wann Euer Liebden nit eilen und ein anders weisen, wirdt er vorbrechen. Es stinkht ihm das maul nach der Donau und Osterreich.«

Maximilian I. an Wallenstein, eigenhändiges Postcriptum, Ingolstadt 8. April 1632

Der Preis der Macht: Die Menschenverluste Bayerns im Dreißigjährigen Krieg

Die Schrecken des Dreißigjährigen Krieges sind sprichwörtlich. Man hat das Ausmaß der Verwüstungen und vor allem der Bevölkerungsverluste herunterzuspielen versucht, doch bestätigen regionale Untersuchungen diesen Revisionismus keineswegs. Gewiß waren manche Schätzungen übertrieben, aber es kann trotzdem kein Zweifel bestehen, daß das Massensterben die deutschen Verluste in den Weltkriegen des 20. Jahrhunderts zumindest in prozentualer Hinsicht weit übertroffen hat. Von den 17 Millionen Menschen, die bei Kriegsausbruch im Reich gelebt hatten, waren nach dem Westfälischen Frieden kaum mehr als 10 Millionen übriggeblieben, was einen Verlust von 40 % bedeutet. Die bayerischen Einbußen dürften sich etwa im Reichsdurchschnitt bewegt, eher etwas darunter gelegen haben, wohl um die 35 %. Das heißt, die eine Million Einwohner im Jahre 1618 wurde auf etwa 650.000 reduziert. Obwohl Zehntausende durch direkte Gewalteinwirkung ums Leben gekommen sein müssen – die meist landfremden Soldaten gar nicht mitgezählt –, so war das aber nur zum wenigsten für die Bevölkerungsabnahme verantwortlich. Was statistisch zu Buche schlug, das waren die Hungersnöte und die Epidemien, vor allem die Pest, außerdem der Geburtenrückgang. Bayern wurde erst recht spät, im April 1632, vom Krieg unmittelbar tangiert, war dann bis zum Jahreswechsel 1634/1635 einer der Hauptschauplätze, blieb darauf bis zum Sommer 1646 weitgehend verschont und wurde von da an mit Ausnahme eines halbjährigen Waffenstillstandes im Sommer 1647 bis Kriegsende schwerst heimgesucht. Mißernten und Hungersnöte infolge der Klimaverschlechterung hatten freilich schon vor dem Krieg eingesetzt, auch bei den Pestepidemien ist es unsicher, ob nicht die eine oder andere auch ohne Krieg ausgebrochen wäre. Doch zeigen Vergleiche mit den Jahrzehnten davor und danach, daß sich die Verluste nicht so drastisch gesteigert hätten, wäre nicht die durch den Krieg bewirkte fortlaufend Konzentration der Katastrophen eingetreten, begleitet von großräumigen Heereszügen, systematischen Verwüstungen und Fluchtbewegungen. Mit religiösem Fanatismus hatte dies, entgegen einer verbreiteten Ansicht, wenig zu tun. Es waren vielmehr Folgen der Unfähigkeit der kriegführenden Staaten, die von ihnen angeworbenen Heeresmassen und ihr Begleitpersonal adäquat zu bezahlen und zu verpflegen, woraufhin diese zur Selbsthilfe griffen. Dazu kam zynisch kalkulierter Terrorismus, den Gegner durch Verwüstungszüge logistisch zu erschöpfen, seine Operationsführung einzuschränken und durch Zermürbung seine politische Entschlossenheit zu lähmen.

Es dauerte mehr als ein halbes Jahrhundert, bis die Verluste durch Zunahme der Geburten und Einwanderung, namentlich aus dem vom Krieg unberührten Tirol, einigermaßen ausgeglichen waren.

»Was aber das arme Bayerlandt belangt, würden es E.L. [Euer Liebden] nit mehr khenen und ohne mitleiden nit ansehen khönen. Dergleichen crudelitet ist in disem Khrieg nit erhört worden. Ich mues gleich dem sprichwort nach das badt austrinckhen, hoffe, Gott wird mirs wider ergezen, weil mir alles odio Religionis et Justitiae [aus Haß der Religion und der Gerechtigkeit] widerfahret.«

Maximilian I. an seinen Bruder Ferdinand von Köln, 4. Juni 1632

»Welche der underthanen aufrhuer und insolenz hauptsächlichen dahero fließt und entsprungen, weil die soldaten gegen inen so grob tiranisiert, sie geraidlet [mit Stricken gefoltert], gesenget, geprennet, aufgehengt, todgeschossen, hart verwundet und neben abnemmung all des irigen mit so grausamen, vor nie erhörten martern die arme leuth dergestalt gequelet haben, daß sie nach lang getragner geduld zu solchen extremiteten bewogen worden und wir nicht wohl ainiges mitl sehen, dardurch diesem unhail bei der soldatesca abgeholfen und meniglich satisfaction gegeben werden khunde.«

Maximilian über den oberbayerischen Bauernaufstand, Brief an den Geheimrat Richel, 1. Januar 1634

12 Auf dem Weg zum Frieden

DER FRIEDENSFÜRST: SATISFAKTIONEN UND KONFESSIONELLE GRAVAMINA, 1645–1648

»Ich glaube, ohne zu zögern, daß die einzige Hoffnung auf Frieden, die noch übrigbleibt, sich stützt auf den Kopf eines Mannes, der achtzig Jahre alt ist [Maximilian I.].«

Claude du Mesmes, Comte d'Avaux, französischer Gesandter beim Westfälischen Friedenskongreß, an Kardinal Mazarin, 18. August 1646 (nach Immler, Maximilian I. [2001], 202)

Nach dem Frieden von Prag und dem Kriegseintritt Frankreichs 1635 ergab sich eine Aufgabenteilung zwischen den Armeen des Kaisers und des Reiches. Während die Kaiserlichen und die sächsische Reichsarmada in Schlesien, Böhmen und Mitteldeutschland vornehmlich gegen die Schweden kämpften, stand die bayerische Reichsarmada am Rhein und in Süddeutschland, wo sie es in erster Linie mit den Franzosen und ihren Soldkontingenten zu tun hatte. Der Krieg fand also im Westen und Süden gerade zwischen den Mächten statt, die eigentlich gar nicht gegeneinander kämpfen wollten. Die bayerisch-französische Konfrontation entsprang auf beiden Seiten den strategischen Bedürfnissen der jeweiligen Bündnispartner, der Schweden bzw. der Kaiserlichen. Bis 1645 hielt die bayerische Reichsarmada der Übermacht stand und errang sogar beachtliche taktische Erfolge – Tuttlingen 1643, Freiburg 1644, Herbsthausen/Mergentheim 1645 – und selbst die knappe Niederlage von Alerheim am 3. August 1645 kostete den Gegner so schwere Verluste, daß er den Sieg nicht auszunutzen vermochte. Allerdings fand bei Alerheim Bayerns größter Feldherr Franz von Mercy den Tod. Er sollte sich als unersetzlich erweisen, zumal Maximilian I. den unverständlichen Fehler beging, seinen letzten guten General, den Reiterführer Johann von Werth, nicht an die höchste Stelle zu berufen, was sicher zu dessen Desertion 1647 beitrug. Vielleicht erschien Werth dem Kurfürsten zu draufgängerisch und damit zu gefährlich für seine strategische Konzeption. Vorrangig waren für Maximilian nicht mehr riskante Schlachtensiege, sondern die Erhaltung der Armee, ohne die er am Verhandlungstisch sein Gewicht verloren hätte. Und Verhandlungen, die umfassend dem Krieg ein Ende bereiten sollten, waren seit Dezember 1644 in Münster und Osnabrück im Gange.

Maximilian, für den die Weiterführung des Krieges schon lange keine lohnende Perspektive mehr besaß, wollte so schnell wie möglich zum Friedensschluß gelangen, aber es stellten sich vielfältige Hindernisse in den Weg. Er selbst wollte die Kurwürde und die Oberpfalz gegen alle immer wieder auftauchenden Anfeindungen behaupten. Wenn er äußerte, er sei um des Friedens willen bereit, den Kuranspruch aufzugeben, denn was nütze ihm die Kur, wenn er keine Untertanen mehr habe, so wird man dies wohl eher dem Bereich der Rhetorik zuweisen dürfen. In konfessioneller Hinsicht zeigte er sich zu immer größeren Zugeständnissen bereit, was ihm schließlich wütende Kritik von Seiten der radikalen katholischen Partei eintrug, die auf dem Friedenskongreß Rückhalt fand am Päpstlichen Nuntius, Fabio Chigi, und auch von Papst Innocenz X. unterstützt wurde.

»Alle catholische beklagen sich sehr über Churbayeren, welchem sie, sonderlich die geistliche, doch mitt auffsetzung alles des ihrigen zue der churwürde, auch land und leuten verholffen; wan die chur nicht gewest, würde das reich lengst und anno 1630 ruhe und frieden haben können, auch die religion und kirchen dergestalt nicht gelitten haben.«

Fabio Chigi, Päpstlicher Nuntius beim Westfälischen Friedenskongreß, zu Bischof Franz Wilhelm von Wartenberg, 26. November 1647 (Diarium Wartenberg, nach Albrecht, Maximilian I., 1045)

Hatte Maximilian zunächst noch die habsburgische Kompromißbereitschaft in diesen Fragen abgelehnt, so näherte er sich doch zusehends dem Standpunkt Wiens an. Die im Gefolge des Restitutionsedikts gemachten Rückeroberungen wurden aufgegeben, die Calvinisten als dritte Konfession anerkannt, das Mehrheitsprinzip bei Entscheidungen in den Reichsgremien durch paritätische Verfahrensweisen ersetzt. Das entsprach alles lange propagierten Forderungen der Protestanten. Um den

Besitzstand der Konfessionen in einer für die Zukunft konfliktfreien Weise zu regeln, schälte sich nach endlosen Verhandlungen ein Kompromiß heraus, der sich als tragfähig erweisen sollte. Man einigte sich auf das «Normaljahr» 1624, das maßgeblich sein sollte für die Konfessionszugehörigkeit eines Territoriums. Bezüglich des im Normaljahr schon längst durchgehend katholischen Bayern war die Lösung für Maximilian problemlos, doch die Rückführung der Oberpfalz zum alten Glauben war 1624 noch unvollendet gewesen. Hier wurde für Bayern stillschweigend eine Ausnahme gemacht, die Oberpfalz blieb im Stand der inzwischen ziemlich flächendeckenden Rekatholisierung. Ein eindeutiger Erfolg der katholischen Partei war es, daß das Kurfürstenkolleg mit einem Verhältnis von 5:3 katholisch dominiert blieb und damit ein protestantisches Kaisertum ausgeschlossen war. Auch war der ständigen Erosion des kirchlichen Besitzstandes durch die Einführung des Normaljahrs definitiv Einhalt geboten, zwar nicht auf dem Stand von 1552/1555, aber auf dem von 1624. Der Kampf der Katholiken war also nicht gänzlich erfolglos gewesen, so daß Maximilian mit dem Segen seiner Theologen ohne allzu große Gewissensbisse von den maximalistischen Zielen des Restitutionsedikts abrücken konnte, mochten die Intransigenten noch so zetern.

In einen langen und schweren Konflikt mit seinen habsburgischen Verbündeten geriet der Kurfürst jedoch in der spanischen Frage. Der Kaiser wollte von der militärischen Unterstützung der spanischen Habsburger nicht ablassen, die diese dringend brauchten, um den Kampf gegen die Niederlande und gegen Frankreich fortsetzen zu können. Dafür gab es auch ein leicht durchschaubares dynastisches Motiv, nämlich die spanische Erbfolge. Philipp IV. von Spanien hatte keinen männlichen Nachkommen. Wollten die österreichischen Habsburger ihre Chancen nicht aufs Spiel setzen, brauchten sie Unterstützung in einem wenig aussichtsvollen Krieg. Maximilian, der die Spanier schon immer als gefährliche Störenfriede im Reich eingestuft hatte, lehnte jedwedes Ansinnen in dieser Richtung ab, denn militärische Kooperation mit Spanien bedeutete, daß es keinen Frieden mit Frankreich geben konnte, den der Kurfürst aber unbedingt wollte. Hier konnte er auch der Unterstützung durch ziemlich alle Reichsstände sicher sein, so daß dem Kaiser schließlich nichts anderes übrig blieb, als sich von Spanien zu trennen. Maximilian hatte in dieser Frage zu unverhohlenen Drohungen gegriffen, selbständig Frieden zu schließen.

Eng mit der spanischen Frage hing das Problem der französischen Satisfaktion zusammen. Die beiden Siegermächte Schweden und Frankreich forderten Kriegsentschädigung in Form von territorialem Gewinn. Während die schwedischen Ansprüche in Norddeutschland, die vor allem zu Lasten Brandenburgs gingen, Maximilian wenig interessierten, engagierte er sich mit Vehemenz in dem Streit um die Satisfaktionen, die Frankreich im Oberrheingebiet erreichen wollte. Neben den schon lange zugesprochenen lothringischen Stiften Toul, Metz und Verdun ging es den Franzosen vor allem um die habsburgischen Besitzungen im Elsaß, im Breisgau, um die strategisch enorm wichtige Festung Breisach und um das Besatzungsrecht in Philippsburg. Mit diesen Erwerbungen konnten sie die spanischen Verbindungen zwischen Italien und den Niederlanden unterbrechen. Maximilian waren die französischen Wünsche seit 1645 bekannt und er versuchte sie mit Nachdruck beim Kaiser durchzusetzen, er wurde »geradezu zum Motor der Verhandlungen« (Bosbach, Auf dem Weg zum Frieden, S. 269). Sehr kompliziert war der Umstand, daß beide Seiten ihre separaten Kontakte vor den jeweiligen Verbündeten – also vor Schweden bzw. den Kaiserlichen – geheimhalten mußten. Trotzdem kam eine regelmäßige Kommunikation zwischen Maximilian und dem leitenden französischen Minister, Kardinal Jules Mazarin, zustande. Dabei scheute sich der Kurfürst nicht, die französische Seite durch interne Informationen in Verhandlungsvorteil zu bringen, um so die Vorgänge zu beschleunigen. Natürlich wurde Maximilian später von nationalistischer Seite vorgeworfen, mit seiner Politik den Verlust des Elsaß eingeleitet zu haben, zumal er es wieder einmal verstand, die Verfolgung allgemeiner Ziele mit seinem Vorteil zu verbinden, indem er Frankreich erfolgreich darauf verpflichtete, ihn bei der endgültigen Absicherung der Kurübertragung und des Erwerbs der Oberpfalz gegen anfänglichen schwedischen Widerstand zu unterstützen. Im Vorvertrag vom 13. September 1646 willigte der Kaiser in die französischen Konditionen ein, worin eine der wichtigsten Voraussetzungen für das Zustandekommen des Westfälischen Friedens zwei Jahre später bestand. Im Gegenzug erhielt Bayern dank französischer Vermittlung durch einen Gesamtbeschluß der drei Reichsgremien die fünfte Kur und die Oberpfalz übertragen, während für die pfälzische Linie eine achte Kur geschaffen wurde, der man die rechtsrheinische Unterpfalz mit Heidelberg zuordnete.

»...den krieg in diesen landen [Bayern] solange als möglich zu behaubten und den feindt neben uns darin zu behalten, auff daß von beiden parten [Parteien] der vorrath des bayrlandes also consumiret werden möge, damit dem Churfürsten seine... kräffte und recruitirungsmittell aufs höchste außgeben undt auß handen kommen thetten.«

Der schwedische Feldmarschall Carl Gustav Wrangel an den schwedischen Feldmarschall Lennart Torstensson, 30. Oktober 1646

In den zwei Jahren bis zum Friedensschluß gingen die Kriegshandlungen freilich zu Maximilians Verzweiflung in verheerendster Weise weiter, da sich vor allem die Lösung der Spanienfrage und das Problem der schwedischen Heeresabdankung ständig in die Länge zogen. 1646 und 1648 wurde gerade Bayern erneut Opfer systematischer Verwüstungszüge. 1647 ließ der Kurfürst sogar seine immer wieder dem Kaiser gegenüber geäußerte Drohung, einen separaten Waffenstillstand zu schließen, für ein halbes Jahr Wirklichkeit werden (Ulmer Waffenstillstand vom 14.März 1647). Die Hoffnung, Frankreich und Schweden auf diese Weise voneinander zu trennen, erfüllte sich aber nicht, und so trat Maximilian unter wesentlich verbesserten Bündniskonditionen schließlich wieder in den Krieg ein (Pilsener Vertrag vom 12./17. Oktober 1647). So mühsam und langwierig der Weg zum Frieden war, man muss Maximilian bescheinigen, spätestens ab 1645 als Wegbereiter und Antriebskraft der Verhandlungen gewirkt und sowohl den Kaiser als auch die katholischen Intransigenten erfolgreich im Sinne des realistisch Machbaren unter Druck gesetzt zu haben. Er war einer der Väter des Westfälischen Friedens.

»Was erstaunt, das ist, daß der Herzog von Bayern, obwohl er zur Partei der Verlierer gehört, durch seine Gewandtheit und seine Hartnäckigkeit mehr Gewinn aus diesem Krieg ziehen will als die, die das Kriegsglück auf ihrer Seite haben.«

Der französische Gesandte auf dem Westfälischen Kongreß,
Graf Abel Servien de la Roche des Aubiers, an Lionne,
den Sekretär Kardinal Mazarins, 3. Mai 1646

»...sonder es ist auch zue ehrer hülff und weiterer Sterckung meiner reichs armada ganz kain hofnung vorhanden vorder ist aber ich sambt meinen landen durch die langwierige unerschwingliche kriegsunkosten dermaßen erschöpft... als daß – vornemblichste mitel dadurch man den gemainen frieden im Römischen Reich befördern und erhalten und also ainist aus dem Sachen zu endt dises langwihrigen hechstgehrlich krieg kommen.«

Maximilian I. an Kaiser Ferdinand III., 5. August 1645 (zwei Tage nach der Schlacht bei Alerheim, nach Greindl, Der Staatsschatz, 646)

»...wird Bayern das abgeredte [abgesprochene] und geschlossene Instrumentum pacis [Friedensvereinbarung] acceptirn, underschreiben, publicirn und diese meine land von fernerer devastation durch mitl der cessatio armorum [Waffenstillstand] salviren... gleichwie meine waffen deroselben [dem Kaiser] die 30 Jahre, als diser blutige Krieg gewehrth, treulich aussistirt... Underdessen bis dis geschicht, mues ich und meine unschuldige underthonen das Brandopfer verbleiben...«

Maximilian I. an Kaiser Ferdinand III., Salzburg, 23. September 1648

13 Tod und Gedächtnis

»Mein Madensack soll man nit lang ob der erden lassen, noch viel grandeza und ceremonien, sondern die spesen auf die armen verwenden und kheinen pomp machen... Khein Castrum Doloris soll aufgericht werden, kheine inscriptiones oder emblemata affigirt.«

Maximilian I., »Memorial wie es nach meinem absterben alsbald und ohne verzug in ainen und andern zuhalten«

Das Herzgrabdenkmal (Kardiotaph) Maximilians I. links vom Eingang in das Oktogon der Altöttinger Heiligen Kapelle. Das Organ wurde unter dem Boden der Kapelle beigesetzt. In der Münchner Werkstatt des Bernhard Ernst angefertigter Bronzeguß aus dem Jahr 1653; der Bildhauer ist nicht bekannt. Die übrigen Eingeweide des Kurfürsten waren nahe dem Sterbeort im Neuen Schloß Ingolstadt in der dortigen Liebfrauenkirche beigesetzt worden, der Körper in der Gruft der Münchner Michaelskirche.

»Hier ist verwahrt Maximilians Herz, das einst erfüllt war von großen Unternehmungen und von der Liebe zur Gottesmutter.«

Inschrift auf dem bronzenen Herzmonument Maximilians I. in der Altöttinger Gnadenkapelle, 1653

DAS ENDE EINER LANGEN REGIERUNG

Nach der Geburt seines Erben, 1636, wurde der Kurfürst zusehends von der Sorge umgetrieben, dem von ihm Erreichten Kontinuität zu verleihen. 1639 verfaßte er zusammen mit seinem Beichtvater Johann Vervaux die berühmten „Monita paterna", zwei Jahre später folgte ein großes Testament, das sein politisches Vermächtnis darstellen sollte. Hier arbeitete ihm – wie auch bei den späteren Testamenten, Lehrstücken und Instruktionen, die sich in den Jahren 1650–1651 häuften - der Geheimrat Johann Maendl zu. 1651 kam dann das Ende. Im September reiste der 78-jährige Kurfürst mit seiner Familie von Schleißheim über Scheyern nach Ingolstadt. Von dort begab er sich bei stürmischem Wetter auf eine Wallfahrt nach St. Salvator in Breitbrunn.

Bei der Rückkehr nach Ingolstadt kam schwerer Brechdurchfall zum Ausbruch. Von Vervaux mit den Sterbesakramenten versehen, starb Maximilian in dieser so eng mit seiner Lebensgeschichte verbundenen Stadt in einem der spätgotischen Räume des Neuen Schloßes (heute Bayerisches Armeemuseum) in den Morgenstunden des 27. September. Er hatte sich alle kostspieligen Rituale verbeten, in Rom allerdings eine Summe deponiert, um 10.000 Messen für sein Seelenheil lesen zu lassen. Den Armen eines jeden Rentamtes ließ er 50.000 Gulden auszahlen, worüber selbstverständlich genauestens Buch geführt wurde.

»Wenigen Fürsten schwebte ein so hohes Ideal ihres Berufes vor, und keiner ist wohl in seinem Wirken dem eigenen Ideal so nahe gekommen wie er.«

Sigmund von Riezler, Geschichte Bayerns, Bd. V (1903), 687

»Von blindem Fanatismus hielt er sich, obschon sein kirchlicher Eifer der Richtung der Zeit entsprechend unduldsam und schroff war, in jeder Hinsicht frei, und ebenso war ihm das bei seinen deutschen Glaubensgenossen häufig vorhandene, vermessene Vertrauen, daß Gott ›seiner‹ Kirche schließlich den Sieg verleihen müsse, völlig fremd… Seine strenge, eifrige und doch nüchterne Pflichttreue, seine Selbstbeschränkung und Selbstbeherrschung machen ihn zu einer ganz eigenartigen Erscheinung. Er besaß nicht die freie, schöpferische, kühne Genialität, wie sie Männern eigen ist, welchen die Geschichte den Beinamen des Großen verleiht. Aber unzweifelhaft war er der gewissenhafteste beste und bedeutendste deutsche Fürst seiner Zeit.«

Felix Strieve, ADB 21 (1885), 21

Die … Eigenschaften des Politikers… lassen sich auf zwei Grundeigenschaften zurückführen: einmal eine ganz überdurchschnittliche Willenskraft, einen scharf ausgeprägten Herrsch-, Besitz- und Machtwillen, zum anderen eine sensible, feinnervige, vielseitige rezeptive Intelligenz. Aus der Verbindung von beidem resultierten sowohl die Konstanz seines Handelns, wie die Anpassung an die jeweilige Situation… Aus der Verbindung jener beiden Elemente ist auch die Bipolarität seines gleichermaßen konservativen wie dynamischen Handelns zu erklären… Daß Maximilian eine große Leistung als Politiker vollbrachte, steht außer Zweifel; der äußere und innere Zuwachs seiner Macht, die äußere und innere Konsolidierung und Ordnung dieser Macht waren sein Verdienst. Problematisch wird diese Leistung, wenn man einmal die großen Opfer bedenkt, die diese Leistung dem Lande und seinen Untertanen abgefordert hatte, und wenn man sich klarmacht, daß seine Machtpolitik keine neuen Perspektiven für das Land und für den Staat eröffnete, keine Entwicklungsmöglichkeiten bot. Maximilians Machtpolitik und deren mit Vorbehalt zu nennendes Ziel einer ›künstlichen Großmacht‹ ruhten insofern auf einem künstlichen Fundament, als die von ihm dem Land entzogenen Gelder über die Kräfte dieses Landes hinausgingen... Daß Maximilians politische Leistung mit dem Ende einer Epoche zusammenfiel, war wohl der Hauptgrund, warum sich sein Werk nicht unmittelbar fortsetzen ließ. Das konfessionelle Zeitalter hatte kleineren Mächten reiche Gelegenheit geboten, durch ideologisches Engagement ihre machtpolitisch schwache Ausgangsposition kompensieren zu können. Die politische Kraft der Persönlichkeit Maximilians läßt sich daran ermessen, daß er diese Chance optimal für die Macht seines Hauses nützte...«

Heinz Dollinger, Studien zur Finanzreform (1968), 281–294

»Bei wenigen Politikern der Epoche wurde der sie alle quälende Zwiespalt zwischen Konfession und Staatsräson so häufig und unskrupulös zugunsten der letzteren aufgelöst. Und für Maximilians Reichspolitik ist ein drittes sehr wirkkräftiges Leitmotiv auszumachen: der Kampf gegen eine zentralistische Interpretation der Reichsverfassung, für reichsständische Freiräume... Er war ein meisterhafter Grenzgänger zwischen konfessionell motiviertem Schulterschluß mit der Hofburg und libertär motivierter Distanz ... Mit diesen beiden Erkenntnissen (Glaubenskrieg, sekundär ein sich ihm beigesellender Verfassungskampf) erwies sich Maximilian als hellsichtiger Analytiker seiner Gegenwart, er sah klarer als die meisten modernen Forscher ... In der Tat, Maximilian mutierte zum Friedenspolitiker, aber er inszenierte diesen Rollentausch, als der Friede reichsintern gar nicht mehr herstellbar war. Und zuvor? Hat er einiges dazu beigetragen, das Reich so zu polarisieren, daß es wehrlos in den Krieg hineintrudeln mußte, mehr noch für eine Verlängerung des Krieges getan... Gewiß hat Maximilian für einen Reichsfürsten, sogar für einen Kurfürsten ungewöhnlich viel Aufmerksamkeit bei reichspolitischen wie zuzeiten auch europäischen Mitspielern genossen... war... der einzige Kurfürst, der in der Reichspolitik sowohl beschlagen (da erfahren) als auch persönlich engagiert war. Aus reichspolitischer Warte beleuchtet, wirft der Münchner indes zu viel Schatten, als daß wir ihn den ›großen Deutschen‹ im nationalen Pantheon beigesellen dürften. Bedeutend war der Territorialpolitiker, war jener Dynast,

der im ersten Jahr seiner Regierung beobachtet hatte, daß nur ›der respectiert wird, der vil land oder vil gelt hat.‹ Land, Geld – Maximilian hat solide gewirtschaftet und Bayern vergrößert. Als Bayernherzog war er erfolgreich. Die Landesgeschichte darf das rühmen.«

Axel Gotthard, Maximilian und das Reich (2002), passim

»Maximilians Bedeutung als Territorialfürst und Politiker... lag weniger in der Erfindung neuer Ziele und Methoden, als in der Staatsmannschaft und Beharrlichkeit, mit der er traditionelle Mittel verwendete, um im wesentlichen traditionelle, prinzipiell bereits von seinen Vorfahren formulierte Ziele zu erreichen. Maximilian war vorzüglich ein Mann des Willens, des Nachdrucks und der Ausdauer, kaum zugleich eine schöpferische Natur wie seine Zeitgenossen Richelieu oder Gustav Adolf. Aber auch in dieser Begrenzung – die hindert, ihn ›den Großen‹ zu nennen – ist es ihm gelungen, seinen Staat gegenüber alten Anforderungen zu behaupten und gegenüber neuen Anforderungen zu rüsten und im übrigen die Existenz des Territorialstaates gegenüber dem Reich, das diese Modernisierung nicht vollzog oder vollziehen wollte, zu rechtfertigen. Gleichzeitig hat Maximilian Staat und Untertanen bewußt in den Dienst einer allgemeinen Idee und Bewegung gestellt, von Katholischer Reform und Gegenreformation. Hierdurch hat er nicht nur bedeutende Wirkungen in den Reichsverhältnissen gezeitigt, sondern auch Bayerns Staat und Volk mehr als bisher mit dem romanischen Kulturkreis verbunden. So ist er einer der Väter der bayerischen Barockkultur geworden. Bayerische, deutsche und europäische Antriebe und Wirkungen finden sich bei ihm in enger Verknüpfung.«

Dieter Albrecht, Maximilian I. (1998), 1120

Man wird ihn bewundern oder verdammen, übersehen kann man ihn nicht, so wenig wie sein Lebenswerk. Daß dieses so wenig Bestand hatte, zeigt, daß die große Rolle, die Bayern zu seiner Zeit spielte, allein seine Rolle war, nicht die Bayerns.

Andreas Kraus, Maximilian I. (1990), 355

Zeittafel

Alle Daten sind nach dem 1582 von Papst Gregor XIII. erlassenen modernen Gregorianischen Kalender gegeben. Der von den Protestanten noch weiter verwendete Julianische Kalender ging 10 Tage nach (XI 16 gregorianisch = XI 6 julianisch).

Alle Daten sind nach dem 1582 von Papst Gregor XIII. erlassenen modernen Gregorianischen Kalender. Der von den Protestanten noch weiter verwendete Julianische Kalender ging 10 Tage nach (XI 16 gregorianisch = XI 6 julianisch).

1521 III 5	Die bayerischen Herzöge Wilhelm V. und Ludwig X. verwerfen die lutherische Reformation
1545–1563	Konzil von Trient.
1552 IV 2	Passauer Vertrag. Anerkennung des Luthertums und der bisherigen Säkularisationen landständischen Kirchenbesitzes
1555 IX 25	Augsburger Reichs- und Religionsfrieden gibt unter Ausschluß der Calvinisten den katholischen und lutherischen Landesherren das Reformationsrecht und die Verfügung über die Konfession ihrer Untertanen. Geistlicher Vorbehalt nimmt nach katholischer Interpretation die geistlichen Herrschaften hiervon aus
1562–1598	Religions- und Bürgerkriege in Frankreich (»Hugenottenkriege«)
1568–1648	»Achtzigjähriger Krieg« zwischen Spanien und den Generalstaaten der Niederlande
1568 II 22	Erbprinz Wilhelm, der spätere Herzog Wilhelm V. heiratet in München Prinzessin Renata von Lothringen
1573 IV 17	Geburt Maximilians, des ältesten Sohnes des Erbprinzen Wilhelm und Renatas von Lothringen, des späteren Herzogs und Kurfürsten Maximilian I. (von jetzt an M.) in der Münchner Neuveste
1573–1579	M. wächst bei seinen Eltern in Landshut auf
1579 X 24	Tod Herzog Albrechts V., Wilhelm V. zieht mit seiner Familie von Landshut nach München
1583–1585	Kölner Krieg sichert Erzstift und Kurfürstentum Köln für die katholische Kirche und bringt sie an die Bayerischen Wittelsbacher
1587 X–1591 IV	M. studiert an der Hohen Schule Ingolstadt
1593 III 15–VII	3 Reise M.s nach Tirol, Italien, der Schweiz und Lothringen
1593 VI 16–25	Aufenthalt in Nancy, Begegnung mit seiner Cousine und künftigen Braut Elisabeth Renata
1593–1606	»Langer Türkenkrieg«
1593/1594	Landtag in Landshut, M. vertritt zeitweise seinen Vater; er delegiert die Steuer- und Schuldenverwaltung Für die Zeit zwischen den Landtagen erstmals an eine Landschaftsverordnung
1593 XII 15	Die Stände leisten M. in Landshut die Eventualhuldigung
1594 IV 17	Mitregierung M.s
1595 II 6	M. heiratet in Nancy Elisabeth Renata von Lothringen
1597 VII 6	Einweihung der von Wilhelm V. seit 1583 erbauten Michaelskirche in München

1597 X 15	Abdankungserklärung Wilhelms V.
1597 XII 23	Kaiser Rudolf II. belehnt M. mit dem Herzogtum Bayern
1598 II 4	Wilhelm V. entbindet seine Untertanen ihres Treueeides, offizieller Regierungsbeginn M.s
1598 II 13	Generalmandat zur Hebung von Disziplin und Sittlichkeit
1598	Ämtervisitation
1600 IV 23	Erzherzog Ferdinand von Innerösterreich/Steiermark, der künftige Kaiser Ferdinand II., heiratet in Graz Maria Anna von Bayern, Schwester M.s
1600–1601	Reorganisation des Landesdefensionswesens
1601–1607	M. läßt in der Residenz die Hofkapelle und die Geheime Kammerkapelle (Reiche Kapelle) erbauen
1602	Herzogliches Weißbiermonopol
1605 V	Donauwörther »Fahnenstreit« zwischen Katholiken und Protestanten beginnt
1607 VIII 3	Reichsacht gegen Donauwörth
1607 X 17	Reichsexekution gegen Donauwörth durch Maximilian I. von Bayern
1608 I 12–IV 27	Reichstag in Regensburg endet mit Sprengung durch die Protestanten
1608 V 14	Gründung der Protestantischen Union in Auhausen
1608	Hofkammerordnung
1609–1614	Erbfolgestreit um die Herzogtümer Jülich, Kleve und Berg zwischen Kurbrandenburg und Pfalz-Neuburg beschwört die Gefahr eines internationalen Konflikts herauf (vor allem 1610)
1609 IV 12	zwölfjähriger Waffenstillstand zwischen Spanien und den Generalstaaten
1609 VII 9	Majestätsbrief Rudolfs II., der Kaiser verbrieft den Böhmen ihre eigene Kirchenverfassung
1609 VII 10	Gründung des Oberdeutschen Katholischen Bundes (Liga) in München; M. Bundesoberst
1609 VIII 24–28	Gründung der Rheinischen Bundesgruppe der Katholischen Liga in Mainz
1610 II 19	Zusammenschluß der Oberdeutschen und der Rheinischen Bundesgruppe auf dem ersten Ligatag in Würzburg; M. militärischer Bundesoberst
1610	Tilly tritt als Generalleutnant in die Dienste M.s
um 1610	Bau des Brunnenhofes und des Wittelsbacherbrunnens in der Münchner Residenz
1611–1616	Bau der Vierflügelanlage um den Kaiserhof der Münchner Residenz
1611 II 12	Bayerisches Hexenmandat
1611 X-XI	Salzkrieg gegen den Salzburger Fürstbischof
1612	Landtag in München, letzter Landtag in der Regierungszeit M.s
1612 II 17	Ferdinand von Bayern tritt nach dem Tode seines Onkels Ernst die Nachfolge in Köln und den anderen nordwestdeutschen Bistümern an
1613	Rentmeisterinstruktion
1613 XI 11	Magdalena, Schwester M.s, heiratet in München Wolfgang Wilhelm von Pfalz-Neuburg

1614 IV 14	Liga auf Oberdeutsche Gruppe reduziert
1614 V 25	Öffentliche Konversion Wolfgang Wilhelms
1614 X 12	Vertrag von Xanten; Teilung der Herzogtümer: Jülich und Berg an Pfalz-Neuburg, Kleve an Kurbrandenburg; vorläufiges Ende des Erbfolgestreites
1615	Matthäus Rader S.J. veröffentlicht »*Bavaria Sancta*«
1616	Erlaß des neuen Landrechtes (*Codex Maximilianeus*)
1616 M.	erwirbt von seinem Vater die Schwaige Schleißheim und baut das Herrenhaus 1616–1623 zu einem Landschloß aus
1616 IV 14	M. legt Direktorium der Liga nieder
1616 V	Protestantische Stände regen überkonfessionellen Bund mit M. an der Spitze an
1617 V	»Nachbarliche Vereinigung« der oberdeutschen katholischen Stände
1617 VI 6	Annahme Erzherzog Ferdinands von Steiermark als König von Böhmen durch die Stände
1618 II 3–8	Verhandlungen in München zwischen M. von Bayern und Friedrich V. von der Pfalz
1618 V 23	Prager Fenstersturz, Beginn des Böhmischen Aufstandes
1618–1623	Böhmisch-Pfälzische Phase des Dreißigjährigen Krieges
1619 I 26–V 10	Neugründung der Katholischen Liga unter Führung M.s
1619–1622	Errichtung des monumentalen Grabmals für Kaiser Ludwig den Bayern in der Münchner Frauenkirche
1619 VIII 19	Die böhmischen Stände setzen Ferdinand ab
1619 VIII	Bethlen Gábor, Fürst von Siebenbürgen, dringt in Ungarn ein und löst einen antihabsburgischen Aufstand aus
1619 VIII 27	Die böhmischen Stände wählen Friedrich V. von der Pfalz zum König
1619 VIII 28	Erzherzog/König Ferdinand als Ferdinand II. in Frankfurt zum Kaiser gewählt
1619 IX 24	M. warnt Friedrich V. vor der Annahme der böhmischen Krone
1619 IX 28	Friedrich V. nimmt die Wahl zum König von Böhmen an (»Friedrich I.«)
1619 X 8	Münchner Vertrag zwischen Ferdinand II. und M.; M. verpflichtet sich zum militärischen Eingreifen in Böhmen gegen volle Erstattung seiner Kosten bzw. territoriale Entschädigung, geheimes Versprechen der Übertragung der pfälzischen Kur auf Bayern
1620 III	Fürstentag in Mühlhausen (Thüringen); Friedrich V. zum Landfriedensbrecher erklärt (21.); Kursachsen für die Teilnahme am Krieg gegen Böhmen gewonnen
1620 IV 30	Auf den 1. Juni befristetes Ultimatum Ferdinands II. an Friedrich V./I.
1620 V 16	M. erhält vom Kaiser das sonst den Kurfürsten vorbehaltene *Privilegium de non appellando* (uneingeschränkte Rechtshoheit) verliehen
1620 VI 6	Ferdinand II. betraut M. mit der Exekution gegen Kurpfalz
1620 VII 3	Der von Frankreich vermittelte Ulmer Vertrag neutralisiert die Union für den böhmischen Kriegsschauplatz, nicht aber die Liga
1620 VII 23	Die Armee der Liga rückt in Oberösterreich ein und wirft in kurzer Zeit den Aufstand der dortigen protestantischen Stände nieder

1620 VIII 20	M. nimmt in Linz die Eventualhuldigung der Oberösterreichischen Stände entgegen
1620 IX 8	Die Spanier unter Spínola dringen in die linksrheinische Pfalz ein, Konfrontation mit Truppen der Union bei Oppenheim
1620 IX 8	Die Armeen der Liga unter M. und des Kaisers unter Bucquoy vereinigen sich nördlich von Krems
1620 XI 8	Schlacht auf dem Weißen Berg oder bei Prag. Entscheidender Sieg der ligistisch-kaiserlichen Streitkräfte unter M., Tilly und Bucquoy über die böhmischpfälzischen Truppen unter Christian von Anhalt
1620 XI 9	Flucht Friedrichs V./I. aus Prag, Einmarsch M.s in Prag
1621 I 22	Ferdinand II. verhängt die Reichsacht über Friedrich V./I.
1621 V 12	Ende des zwölfjährigen Waffenstillstandes im Achtzigjährigen Krieg zwischen Spanien und den Niederländischen Generalstaaten
1621 V 24	Auflösung der Protestantischen Union
1621 VI 19/20	Mansfeld und Tilly beziehen in der Oberpfalz bei Waidhaus bzw. Haid einander gegenüber Stellung,
1621 VIII 2	M. vom Kaiser mit der Exekution der Reichsacht gegen Mansfeld betraut
1621 IX 12	M. rückt mit der neuen Armee von Süden in die Oberpfalz ein
1621 IX 22	Geheime Übertragung der pfälzischen Kurwürde auf die bayerische Linie des Hauses Wittelsbach
1621 IX 21–28	Während eines Waffenstillstandes verläßt Mansfeld die Waidhauser Stellung und marschiert nach Neumarkt/Opf.
1621 IX 25	M. nimmt Cham ein
1621 X 8	Einnahme von Amberg
1622 I 18	Der Kaiser ernennt ein Münzkollegium, dessen Manipulationen Ein bis 1623 dauerndes Währungschaos im Reich auslösen (»Kipper- und Wipperzeit«)
1622 V 6	Schlacht bei Wimpfen. Sieg der Liga unter Tilly und Der Spanier unter Córdoba über badisch-pfälzische Streitkräfte unter dem Markgrafen Georg Friedrich von Baden-Durlach
1622 IX 16	Tilly erstürmt Heidelberg
1622 Herbst	M. nimmt Abwertung des Reichstalers vor
1623 II 25	Offizielle Erhebung M.s zum Kurfürsten (persönliche Kurwürde) auf dem Regensburger Fürstentag
1623 IV 4	Prager Abkommen regelt zwischen dem Kaiser und Maximilian I. die Modalitäten des Kriegskostenersatzes und der oberösterreichischen und pfälzischen Pfandschaften
1623 VIII 6	Schlacht bei Stadtlohn. Entscheidender Sieg Tillys über die Truppen Christians von Halberstadt
1625	Gründung des Revisoriums (Appellationsgericht)
1625 V 7	Wallenstein zum kaiserlichen Generalissimus ernannt
1625 XII 9	Haager Allianz zwischen den Niederlanden, England und Dänemark
1625–1629	**Niedersächsisch-Dänische Phase des Dreißigjährigen Krieges**
1626 II 7	Wilhelm V. stirbt in München oder Schleißheim
1626 III	König Christian IV. von Dänemark dringt in den Niedersächsischen Kreis ein

1626 V–IX	Oberösterreichischer Bauernaufstand. Nach Anfangserfolgen gegen die bayerische Besatzungsmacht werden die protestantischen Bauern von dieser unter Pappenheim niedergeworfen
1626 VIII 27	Schlacht bei Lutter am Barenberge. Entscheidender Sieg Tillys über Christian IV.
1627	Sommer Tilly und Wallenstein besetzen den größten Teil Norddeutschlands und drängen Christian IV. über die Elbe
1628 II 2	Belehnung M.s mit der Oberpfalz
1628 III 4	Belehnung M.s mit der erblichen Kurwürde
1628 IV 1	Der Kaiser greift an der Seite Spaniens gegen Frankreich in den Mantuanischen Erbfolgekrieg ein
1628 IV 27	Religionspatent M.s verfügt die Rekatholisierung der Oberpfalz
1628 V	Maximilian I. gibt Oberösterreich dem Kaiser zurück
1629 III 6	Kaiserliches Restitutionsedikt verfügt Rückgabe des seit 1552/1555 säkularisierten Kirchenbesitzes
1629 VI 7	Frieden von Lübeck zwischen dem Kaiser und Dänemark
1629 IX 26	Waffenstillstand von Altmark beendet schwedischpolnischen Krieg (1621–1629)
1630 VI 3–XI 12	Kurfürstentag in Regensburg
1630–1635	**Schwedische Phase des Dreißigjährigen Krieges**
1630 VII 6	Landung der Schweden unter König Gustav II. Adolf auf Usedom
1630 VIII 13	Entlassung Wallensteins
1630 IX 7/8	Tilly mit dem Oberkommando auch über die kaiserlichen Truppen betraut
1631 I 21	Vertrag von Bärwalde zwischen Schweden und Frankreich
1631 II–IV	Leipziger Konvent der protestantischen Reichsstände
1631 V 8/31	Vertrag von Fontainebleau zwischen Frankreich und Bayern
1631 V 20	Erstürmung und weitgehende Zerstörung Magdeburgs durch die Truppen Tillys
1631 IX 11	Schwedisch-Sächsisches Bündnis
1631 IX 17	Erste Schlacht bei Breitenfeld oder bei Leipzig. Umwälzender Sieg Gustav Adolfs über Tilly
1631 X 14	Gustav Adolf nimmt Würzburg ein
1631 XII 15	Provisorische Rückberufung Wallensteins
1632 IV 14	Wallenstein wieder kaiserlicher Generalissimus
1632 IV 15	Schlacht bei Rain am Lech. Gustav Adolf schlägt die Ligisten unter Tilly und M. Tödliche Verwundung Tillys. M. zieht sich auf Ingolstadt zurück.
1632 IV 20	Gustav Adolf nimmt Augsburg ein
1632 IV 29–V 3	Vergebliche Angriffe Gustav Adolfs auf Ingolstadt
1632 V 3	M. besetzt Regensburg
1632 V 17	Gustav Adolf nimmt München ein
1632 VII–IX	Stellungskrieg zwischen Gustav Adolf und Wallenstein im Raum Nürnberg-Fürth
1632 IX 3	Schlacht an der Alten Veste bei Zirndorf. Vergeblicher Angriff Gustav Adolfs auf die Stellungen Wallensteins und M.s
1632 IX–X	Gustav Adolf stößt auf Ingolstadt vor, aber Wallensteins Einfall in Sachsen zwingt ihn zum Abmarsch nach Norden
1632 XI 16	Schlacht bei Lützen. Knapper Sieg der Schweden unter Gustav Adolf und Bernhard von Weimar über Wallenstein. Gustav Adolf findet den Tod

1632 XII–1635 V	M. verlegt Regierungssitz nach Braunau
1633 IV 23	Heilbronner Bund zwischen Schweden und den deutschen Protestanten (ohne Sachsen)
1633 IX 21	Die Spanier unter Feria und die Kaiserlichen und Ligisten unter Aldringen vereinigen sich bei Schongau, um Breisach zu entsetzen
1633 XI 14	Die Schweden unter Bernhard von Weimar nehmen Regensburg ein
1633 XII 19	Die Truppen Ferias und Aldringens überschreiten den Lech, um in Bayern Winterquartiere zu beziehen
1633/1634 Winter	Bauernunruhen im östlichen Oberbayern
1634 I 18	Ligistische Truppen massakrieren aufständische Bauern in Ebersberg
1634/1635	Große Pestepidemie in Süddeutschland
1634 II 25	Tötung Wallensteins in Eger wegen »notorischer Rebellion«
1634 VII 22	Bernhard von Weimar erstürmt und plündert Landshut, Tod Aldringens
1634 VII 26	Die Kaiserlichen und Ligisten erobern Regensburg zurück, Auseinandersetzungen zwischen M. und den Kaiserlichen über die Kapitulationsbedingungen
1634 IX 6	Schlacht bei Nördlingen. Die Spanier, Kaiserlichen und Ligisten unter Gallas schlagen die Schweden unter Bernhard von Weimar und Gustav Horn entscheidend
1634 XI 19	Wiener Rezeß regelt die Kommandoverhältnisse Zwischen Liga und Kaiserlichen
1635 I 4	Kurfürstin Elisabeth stirbt in Raunshofen (Innviertel)
1635 III 28	Die Kaiserlichen und Bayern nehmen Augsburg ein
1635 V 19	Kriegserklärung Frankreichs an Spanien
1635 V 30	Frieden von Prag, Ende der Katholischen Liga und des Heilbronner Bundes
1635 VII 13	M. heiratet seine Nichte Erzherzogin Maria Anna
1635–1648	**Schwedisch-Französische Phase des Dreißigjährigen Krieges**
1635 IX 31	Französische Kriegserklärung an den Kaiser
1636	Sommer-Herbst Angriff auf Frankreich, die Bayern unter Werth dringen bis Compiègne vor
1636 X 31	Geburt des Kurprinzen Ferdinand Maria
1636 XII 22	Wahl Erzherzog Ferdinands, des künftigen Kaisers Ferdinand III., zum römischen König auf dem Regensburger Kurfürstentag
1637 II 15	Tod Ferdinands II. in Wien, Ferdinand III. Kaiser
1638 XI 7	Einweihung der Münchner Mariensäule
1638 XII 17	Bernhard von Weimar nimmt Breisach
1639	»*Monita Paterna*«, »Väterliche Ermahnungen für den Kurprinzen«, im wesentlichen verfaßt von P. Johannes Vervaux S.J.
1640	Ergänzte Hofkammerordnung
1640	Kommission zur Überprüfung der kommunalen Verwaltung Münchens
1641 II 1	Erstes Testament M.s
1643 XI 24	Schlacht bei Tuttlingen. Die Bayern und Kaiserlichen unter Franz von Mercy schlagen die Franzosen und Weimaraner unter Josias Rantzau

1644 VIII 3–5	Schlacht bei Freiburg im Breisgau. Taktischer Sieg der Bayern unter Mercy über die Franzosen und Weimaraner unter dem Herzog von Enghien und Turenne
1644 VIII–IX	Die Franzosen besetzen die linksrheinische Pfalz
1644 XII 4	Beginn der Friedensverhandlungen in Münster und Osnabrück
1645 III 6	Schlacht bei Jankau. Entscheidender Sieg der Schweden unter Torstensson über die Kaiserlichen und Bayern unter Hatzfeld und Werth
1645 IV	Vergebliche Verhandlungen des Paters Vervaux in Paris
1645 V 7	Schlacht bei Herbsthausen oder Mergentheim. Sieg Mercys über die Franzosen unter Turenne
1645 VIII 3	Schlacht bei Alerheim (Zweite Schlacht von Nördlingen). Knapper Sieg der Franzosen und Hessen unter Enghien und Turenne über die Bayern unter Mercy und Werth, Tod Mercys
1646 III 7	M. signalisiert den Franzosen durch gezielte Indiskretionen die Bereitschaft des Kaisers zu Zugeständnissen
1646 VIII–X	Schwedisch-französische Verwüstungszüge in Bayern
1646 XI 30	M. stimmt weitgehenden Zugeständnissen in konfessionellen Fragen durch den kaiserlichen Gesandten Trauttmansdorff zu
1647 III 14	Ulmer Waffenstillstand zwischen Bayern, Frankreich und Schweden
1647 III 31	Gesamtbeschluß der drei Reichsgremien stimmt der Übertragung der 5. Kur auf Bayern und der Schaffung einer 8. Kur für die Pfalz zu
1647 VI 10	Werth geht zu den Kaiserlichen über
1647 IX 7	Ende des Ulmer Waffenstillstandes
1647 X 12/17	Pilsener Vertrag: Erneuerung des Bündnisses Bayerns mit dem Kaiser
1647 XII 29	Frankreich nimmt wieder die Feindseligkeiten gegen Bayern auf
1648 I 30	Friedensschluß zwischen Spanien und den Generalstaaten
1648 V–X	Schwedisch-französische Verwüstungszüge in Bayern
1648 V 17	Schlacht bei Zusmarshausen. Die Franzosen unter Turenne und die Schweden unter Wrangel schlagen die Bayern unter Melander. Tod Melanders
1648 X 24	Abschluß des Westfälischen Friedens
1649–1650	Nürnberger Exekutionstag
1650 VII 26	Nürnberger Hauptabschied regelt die Abdankung der Armeen
1651 II 13	Procuravermählung des Kurprinzen Ferdinand Maria und Henriette Adelaides von Savoyen in München; bei dieser Gelegenheit erste Aufführung einer Oper in der Residenz
1651 IV 5	M. läßt Landschaftsverordnung dem Kurprinzen die Eventualhuldigung leisten
1651 IX 27	M. stirbt im Neuen Schloß Ingolstadt. Ferdinand Maria übernimmt die Regierung unter Vormundschaft seiner Mutter und ines Administrationsrates
1651 X 3	Beisetzung M.s in der Münchner Michaelskirche

Lebens- und Regierungsdaten

1. Die Kaiser des Heiligen Römischen Reiches Deutscher Nation (Wahlmonarchie, 1438–1742 aber stets aus dem Hause Habsburg)
   - Rudolf II. *1552, reg. 1576–1612
   - Matthias *1557, reg. 1612–1619
   - Ferdinand II. *1578, reg. 1619–1637
   - Ferdinand III. *1608, reg. 1637–1657

2. Das Haus Wittelsbach
   a) Kurfürstentum und Erzstift Köln (1583–1761 stets Haus Wittelsbach, Ludowizianisch-Wilhelminische Linie)
   - Ernst Herzog von Bayern *1554, reg. 1583–1612, außerdem Fürstbischof von Freising (1566–1612), Hildesheim (1573–1612), Lüttich (1583–1612) und Münster (1585–1612)
   - Ferdinand Herzog von Bayern *1577, reg. 1612–1650, außerdem Fürstbischof von Lüttich, Hildesheim, Münster (alle 1612–1650) und Paderborn (1618–1650), Fürstpropst von Berchtesgaden (1595–1650)

   b) Kurfürstentum Pfalz (Haus Wittelsbach, Rudolfinische Linie, Zweig Simmern)
   - Friedrich IV. *1574, reg. 1583/1592–1610, calv.
   - Friedrich V./I. *1596, reg. 1610/1614–1621 (abgesetzt), 1619–1620 Gegenkönig in Böhmen (»Winterkönig«), †1632, calv.; infolge seiner Ächtung geht 1623 die 5. Kur an die Ludowizianisch-Wilhelminische Linie des Hauses Wittelsbach über → Maximilian I. von Bayern
   - Pfalzgraf Karl I. Ludwig *1618, erhält 1648 die neu geschaffene 8. Kur, reg. 1648–1680, calv.

   c) Herzogtum, ab 1623 Kurfürstentum Bayern (Haus Wittelsbach, Ludowizianisch-Wilhelminische Linie)
   - Herzog Wilhelm V. *1548, reg. 1579–1597/1598 (abgedankt), †1626
   - Herzog Maximilian I. *1573, reg. als Herzog 1597/1598–1623, als Kurfürst (5., ursprünglich pfälzische Kur) 1623–1651
   - Kurfürst Ferdinand Maria *1636, reg. 1651/1654–1679

   d) Herzogtum Pfalz-Neuburg (Haus Wittelsbach, Rudolfinische Linie, Nebenlinie Pfalz-Zweibrücken-Neuburg, »Junge Pfalz«)
   - Philipp Ludwig *1547, reg. 1569–1614, luth.
   - Wolfgang Wilhelm *1578, reg. 1614–1653, ab 1614 auch Herzog von Jülich und Berg, luth., ab 1613/161

3. Päpste
   - Clemens VIII. Aldobrandini *1536, reg. 1592–1605
   - Leo XI. Medici, *1535, reg. 1605–1605
   - Paul V. Borghese *1552, reg. 1605–1621
   - Gregor XV. Ludovisi *1554, reg. 1621–1623
   - Urban VIII. Barberini, *1568, reg. 1623–1644
   - Innozenz X. Pamphilij *1574, reg. 1644–1655

Abkürzungen Bibliographie

BRIEFE UND AKTEN I: Briefe und Akten zur Geschichte des Dreißigjährigen Krieges in den Zeiten des vorwaltenden Einflusses der Wittelsbacher, Bde. 1–12, München 1870–1978.

BRIEFE UND AKTEN II: Briefe und Akten zur Geschichte des Dreißigjährigen Krieges. Neue Folge: Die Politik Maximilians I. von Bayern und seiner Verbündeten 1618–1651, NF Bde. I/1.2, II/1–10, München 1966–1997.

BUSSMANN/SCHILLING: BUSSMANN, Klaus/SCHILLING, Heinz (Hg.), 1648: Krieg und Frieden in Europa, Katalog der Ausstellung in Münster und Osnabrück, 2 Aufsatzbände und 1 Katalogband, München 1998.

DOKUMENTE: Dokumente zur Geschichte von Staat und Gesellschaft in Bayern. Abt. I/Bd. 3/1.2: Altbayern 1550–1651, bearb. von Walter ZIEGLER, München 1993.

HARTMANN/SCHULLER (HG.): HARTMANN, Peter C./SCHULLER, Florian (Hg.), Der Dreißigjährige Krieg. Facetten einer folgenreichen Epoche, Regensburg 2010.

LASCHINGER, Johannes (Hg.), Der Winterkönig. Königlicher Glanz in Amberg, Amberg 2004.

NDB: Neue Deutsche Biographie

QUELLEN UND STUDIEN: GLASER Hubert (Hg.), Quellen und Studien zur Kunstpolitik der Wittelsbacher vom 16. bis zum 18. Jahrhundert, München 1980.

REPGEN (HG.): REPGEN, Konrad unter Mitarbeit von Elisabeth Müller-Luckner (Hg.), Krieg und Politik 1618–1648. Europäische Probleme und Perspektiven, München 1988.

SCHMID/WEIGAND (HG.): SCHMID, Alois/WEIGAND Katharina (Hg.), Die Herrscher Bayerns. 25 historische Portraits von Tassilo III. bis Ludwig III., München^{2} 2006 (2001).

SCHULZE (HG.): SCHULZE, Winfried, Friedliche Intentionen – Kriegerische Effekte. War der Ausbruch des Dreißigjährigen Krieges unvermeidlich?, St. Katharinen 2002.

SPINDLER, Max/KRAUS, Andreas (Hg.), Handbuch der bayerischen Geschichte, Bd. 2, München^{2} 1988 (1969).

WINTERKÖNIG: WOLF Peter u. a. (Hg.), Der Winterkönig. Friedrich V. Der letzte Kurfürst aus der Oberen Pfalz, Katalog der Landesausstellung in Amberg 2003 (= Veröffentlichungen zur Bayerischen Geschichte und Kultur 46/03), Augsburg 2003.

WB II/1.2: GLASER Hubert (Hg.), Wittelsbach und Bayern. Katalog der Ausstellung in der Residenz München 1980. Teil II. Um Glauben und Reich. Kurfürst Maximilian I. Bde. 1 (Aufsatzband) und 2 (Katalogband), München 1980.

ZBLG: Zeitschrift für Bayerische Landesgeschichte

Literatur

ADLZREITER, Johann [= Vervaux, Johann SJ], Boicae Gentis Annalium Pars III: Idea boni principatus ex vita, rebus gestis et virtutibus Maximiliani utriusque Bavariae et Palatinatus Superioris ducis, S.R.I. archidapiferi et electoris, comitis Palatini Rheni, Leuchtenbergiae landgravii etc., München 1662.

ALBRECHT, Dieter, Bayern und die Gegenreformation, in: WB II/1, 13–23.

ALBRECHT, Dieter, Das konfessionelle Zeitalter. Zweiter Teil: Die Herzöge Wilhelm V. und Maximilian I., in: Spindler/Kraus (Hg.), 393–457.

ALBRECHT, Dieter, Maximilian I., in: NDB 16 (1990), 477–480.

ALBRECHT, Dieter, Maximilian I. von Bayern 1573–1651, München 1998.

AY, Karl Ludwig, Land und Fürst im alten Bayern. 16.–18. Jahrhundert, Regensburg 1988.

BEHRINGER, Wolfgang, Hexenverfolgung in Bayern. Volksmagie, Glaubenseifer und Staatsraison in der frühen Neuzeit, München 1987.

BIRELEY, Robert, Maximilian I. von Bayern, Adam Contzen SJ und die Gegenreformation 1624–1635, Göttingen 1975.

BLICKLE, Renate, Rebellion oder natürliche Defension. Der Aufstand der Bauern in Bayern 1633/34 im Horizont von gemeinem Recht und christlichem Naturrecht, in: van Dülmen, Richard (Hg.), Verbrechen, Strafen und soziale Kontrolle, Frankfurt a.M. 1990, 56–84.

BOSBACH, Franz, Auf dem Weg zum Frieden. Maximilian von Bayern und die Elsaßabtretung auf dem Westfälischen Friedenskongreß, in: ZBLG 65 (2002), 265–291.

BREUER, Dieter, Princeps et poeta. Jacob Baldes Verhältnis zu Kurfürst Maximilian I. von Bayern, in: WB II/1, 341–352.

CHALINE, Olivier, La bataille de la Montagne Blanche (8 novembre 1620). Un mystique chez les guerriers, Paris 1999.

DAMBOER, August, Die Krise des Söldner-Kapitalismus in Bayern unter Kurfürst Maximilian I. insbes. in der Zeit des dreißigjährigen Krieges. Eine soziologische Studie, Diss. München 1921.

DIEMER, Dorothea, Hans Krumper, in: WB II/1, 279–311.

DIEMER, Dorothea, Das frühbarocke Grabdenkmal für Kaiser Ludwig den Bayern von Hans Krumper, in: Ramisch, Hans (Hg.); Das Grabmal Kaiser Ludwigs des Bayern in der Münchner Frauenkirche, München, 1997, 51–90.

DIEMER, Peter, Materialien zu Entstehung und Ausbau der Kammergalerie Maximilians I. von Bayern, in: Quellen und Studien, 129–190.

DOLLINGER, Heinz, Kurfürst Maximilian I. von Bayern und Justus Lipsius.Eine Studie zur Staatstheorie eines frühabsolutistischen Fürsten, in: Archiv für Kulturgeschichte 46 (1964), 227–308.

DOLLINGER, Heinz, Studien zur Finanzreform Maximilians I. von Bayern in den Jahren 1598–1618. Ein Beitrag zur Geschichte des Frühabsolutismus, Göttingen 1968.

DOTTERWEICH, Helmut, Der junge Maximilian. Biographie eines bayerischen Prinzen, München 1962.

EDEL, Andreas, Auf dem Weg in den Krieg. Zur Vorgeschichte der Intervention Herzog Maximilians I. von Bayern in Österreich und Böhmen 1620, in: ZBLG 65 (2002), 157–251.

EDEL, Andreas, Politik und Macht bei Herzog Maximilian von Bayern. Die Jahre vor dem Ausbruch des Dreißigjährigen Krieges, in: Schulze (Hg.), 107–139.

ERICHSEN, Johannes, Princeps Armis Decoratus. Zur Ikonographie Kurfürst Maximilians I., in: WB II/1, 196–224.

ERICHSEN, Johannes, Residenz oder Hauptstadt? München im 17. und 18. Jahrhundert, in: Körner, Hans-Michael/Weigand, Katharina (Hg.), Hauptstadt. Historische Perspektiven eines deutschen Themas, München 1995, 73–93.

ERICHSEN, Johannes, Die Mariensäule in München, in: Weigand, Katharina/Zedler, Jörg (Hg.), Ein Museum der bayerischen Geschichte, München 2015, 269–287.

ERNST, Albrecht/Schindling, Anton (Hg.), Union und Liga 1608/09. Konfessionelle Bündnisse im Reich – Weichenstellung zum Religionskrieg?, Stuttgart 2010.

FRANZ, Günther, Der Dreißigjährige Krieg und das deutsche Volk. Untersuchungen zur Bevölkerungs- und Agrargeschichte, Stuttgart4 1979 (1940).

FRISCH, Michael, Das Restitutionsedikt Kaiser Ferdinands II. vom 6.März 1629. Eine rechtsgeschichtliche Untersuchung, Tübingen 1993.

GATTINGER, Karl, Bier und Landesherrschaft. Das Weißbiermonopol der Wittelsbacher unter Maximilian I. von Bayern; 1598–1651, Diss. München 2007.

GINDLEY, Anton, Geschichte des Böhmischen Aufstandes von 1618, Bd.3, Prag 1878.

GLASER, Hubert/Werner, Elke Anna, Die siegreiche Maria. Religiöse Stiftungen Maximilians I. von Bayern, in: Bussmann/Schilling (Hg.), Textbd. 2, Münster 1998, 141–151.

GOLDBERG, Gisela, Dürer-Reaissance am Münchner Hof, in: WB II/1, 318–322.

GOLLWITZER, Heinz, Vom Funktionswandel politischer Traditionen. Zum Bild Kurfürst Maximilians I. und Tillys in der bayerischen Überlieferung, in: Gotthard, Axel, Maximilian und das Reich, in: ZBLG 65 (2002), 35–68.

GÖTZ, Ernst/Langer, Brigitte, Schlossanlage Schleißheim: Amtlicher Führer, München 2009.

GRAF, Henriette, Die Residenz in München: Hofzeremoniell, Innenräume und Möblierung von Kurfürst Maximilian I. bis Kaiser Karl VII., München 2002.

GREINDL, Gabriele, Der Staatsschatz von 1647, in: ZBLG 68/II (2005), 641.670.

HANAUER, Josef, Die bayerischen Kurfürsten Maximilian I. und Ferdinand Maria und die katholische Restauration in der Oberpfalz, Regensburg 1993.

HARTINGER, Walter, Konfessionalisierung des Alltags in Bayern, in: ZBLG 65 (2002), 123–156.

HARTMANN, Peter Claus, Bayern als Faktor der französischen Politik während des Dreißigjährigen Krieges, in: WB II/1, 448–453.

HEILINGSETZER, Georg, Die Bayern in Oberösterreich (1620–1628), in: WB II/1, 416–425.

HEIMERS, Manfred Peter, Krieg, Hunger, Pest und Glaubenszwist. München im Dreißigjährigen Krieg, München 1998.

HEYDENREUTER, Reinhard, Die Behördenreform Maximilians I., in WB II/1, 237–251.

HEYDENREUTER, Reinhard, Der landesherrliche Hofrat unter Herzog und Kurfürst Maximilian I. von Bayern (1598–1651), München 1981.

HEYDENREUTER, Reinhard, Finanz- und Verwaltungsreform unter Herzog und Kurfürst Maximilian I., in: ZBLG 65 (2002), 101–121.

HEYDENREUTER, Reinhard, Herzog und Kurfürst Maximilian I. und der Münchener Hof zur Zeit des Dreißigjährigen Krieges, in: LASCHINGER (Hg.), 147–159.

HOLZFURTNER, Ludwig, Katastrophe und Neuanfang. Kriegsschäden im Dreißigjährigen Krieg im Spiegel der Stiftbücher oberbayerischer Klöster, in: ZBLG 58 (1995), 553–576.

HUBENSTEINER, Benno, Maximilian I., in: WB II/1, 185–195.

IMMLER, Gerhard, Die Bewertung der Friedenspolitik des Kurfürsten Maximilian I. von Bayern 1639–1648 in der Historiographie, Kallmünz, Opf., 1989.

IMMLER, Gerhard, Kurfürst Maximilian I. und der Westfälische Friedenskongreß. Die bayerische auswärtige Politik von 1644 bis zum Ulmer Waffenstillstand, Münster 1992.

IMMLER, Gerhard, Quellen und Quelleneditionen zur Epoche Maximilians I., in: ZBLG 65 (2002), 25–34.

IMMLER, Gerhard, Maximilian I. Der Große Kurfürst auf der Bühne der europäischen Politik, in: Schmid/Weigand (Hg.), 202–217.

JUNKELMANN, Marcus, Gustav Adolf. Schwedens Aufstieg zur Großmacht, Regensburg 1993.

JUNKELMANN, Marcus, Das alles entscheidende Debakel:DieSchlacht an Weißen Berg, in:LASCHINGER (Hg.), 12–26.

JUNKELMANN, Marcus, »Der du gelehrt hast meine Hände den Krieg.« Tilly – Heiliger oder Kriegsverbrecher?, Begleitpublikation zur Ausstellung in Altötting 2007.

JUNKELMANN, Marcus, Schotter, Schwaigen, Schlösser. Von der Eiszeit bis zum Ende des wittelsbachischen Schleißheim, in: Rumschöttel, Hermann (Hg.), Oberschleißheim. Eine Zeitreise, St. Ottilien 2010, 69–364, 534–555.

JUNKELMANN, Marcus, Tilly. Der katholische Feldherr, Regensburg 2011.

KAISER, Michael, Politik und Kriegführung. Maximilian I. von Bayern, Tilly und die Katholische Liga im Dreißigjährigen Krieg, Münster 1999.

KAISER, Michael, Maximilian I. von Bayern und der Krieg. Zu einem wichtigen Aspekt seines fürstlichen Selbstverständnisses, in: ZBLG (2002), 69–99.

KAISER, Michael, Gegen den »proscribierten Pfalzgrafen«. Die negative Pfalzpolitik Maximilians I. von Bayern im Dreißigjährigen Krieg, in: Winterkönig, 122–131.

KAISER, Michael, Im Kampf um die Kur und die Obere Pfalz.Maximiliam von Bayern und seine Politik gegen Friedrich V. von der Pfalz. In: LASCHINGER (Hg.),27–45.

KAMPMANN, Christoph, Reichsrebellion und kaiserliche Acht. Politische Strafjustiz im Dreißigjährigen Krieg und das Verfahren gegen Wallenstein 1634, Münster 1992.

KAPSER, Cordula, Die bayerische Kriegsorganisation in der zweiten Hälfte des Dreißigjährigen Krieges 1635–1648/49, Münster 1997.

KEUNECKE, Hans-Otto, Die Vorbereitung der Heidelberger Bücherentführung von 1622/23 durch den Vatikan und die Rolle Maximilians von Bayern, in: WB II/1, 408–415.

KRAUS, Andreas, Maximilian I. Bayerns großer Kurfürst, Graz u. a./Regensburg 1990.

KRAUS, Andreas, Das katholische Herrscherbild im Reich, dargestellt am Beispiel Kaiser Ferdinands II. und Kurfürst Maximilians I. von Bayern, in: Repgen, Konrad, Das Herrscherbild im 17. Jahrhundert, Münster 1991, 1–25.

KUMMER, Katrin Ellen, Landstände und Landschaftsverordnung unter Maximilian I. von Bayern (1598–1651), Berlin 2005

LANGENKAMP, Anne, Philipp Hainhofers Münchner Reisebeschreibungen. Eine kritische Ausgabe, Diss. Berlin 1990.

LANZINNER, Maximilian, Donauwörth. Der bayerische Griff nach der Reichsstadt 1607/1608, in: SCHMID, Alois/WEIGAND,Katharina (Hg.), Schauplätze der Geschichte in Bayern, München 2003, 216–230.

LANZINNER, Maximilian I. von Bayern. Ein deutscher Fürst und der Krieg, in: Hartmann/ Schuller (Hg.), 80–93.

LEUCHTMANN, Horst, Die Maximilianeische Hofkapelle, in: WB II/1, 364–375.

MAYERHOFER, Matthias, Kupferstiche im Dienst politischer Propaganda. Die »Bavaria Sancta et Pia« des Pater Matthias Rader S.J., München 2011.

MERZBACHER, Friedrich, Gesetzgebung und Rechtskodifikation unter Kurfürst Maximilian I., in: WB II/1, 225–236.

NEUER-LANDFRIED, Franziska, Die Katholische Liga. Gründung, Neugründung und Organisation eines Sonderbundes 1608–1620, Kallmünz 1968.

NEUHAUS, Helmut, Maximilian I., Bayerns Großer Kurfürst, in: ZBLG 65 (2002), 5–23.

PFISTER, Kurt, Kurfürst Maximilian I. von Bayern, München^2 1980 (1948).

PRESS, Volker, Bayerns wittelsbachische Gegenspieler – Die Heidelberger Kurfürsten 1505–1685, in: WB II/1, 24–39.

PURSELL, Brennan, The Winter King. Frederick V of the Palatinate and the Coming of the Thirty Years War, Aldershot 2003.

QUAEITZSCH, Christian, Residenz München. Amtlicher Führer, München 2014.

RIEZLER, Sigmund, Geschichte Bayerns, Bd. 6: Von 1508–1651, Gotha 1903 (Neudruck Aalen 1964).

ROECK, Bernd, Bayern und der Dreißigjährige Krieg. Demographische, wirtschaftliche und soziale Auswirkungen am Beispiel Münchens, in: Geschichte und Gesellschaft 17 (1991), 434–458.

RYSTAD, Göran, Die Schweden in Bayern während des Dreißigjährigen Krieges, in: WB II/1, 424–435.

SAMMER, Marianne, Wilhelm V. Katholische Reform und Gegenreformation, in: Schmid/Weigand (Hg.), 189–201.

SCHLÖGL, Rudolf, Bauern, Krieg und Staat. Oberbayerische Bauernwirtschaft und frühmoderner Staat. 17. Jahrhundert, Göttingen 1988.

SCHMID, Alois, Geschichtsschreibung am Hofe Kurfürst Maximilians I., in: WB II/1, 330–340.

SCHMID, Alois, Kurfürst Maximilian I. von Bayern (1598–1651), in: Schwaiger, Georg (Hg.), Christenleben im Wandel der Zeit, Bd. 1: Lebensbilder aus der Geschichte des Bistums Freising, München 1987, 129–143.

SCHMID, Alois, Kurfürst Maximilian I: von Bayern und die Obere Pfalz, in: LASCHINGER (Hg.), 116–131.

SCHMID, Alois, Peregrinatio principis. Die »Italianische Raiß« des Erbprinzen Maximilian I. 1593, in: Schmid, Alois (Hg.), Von Bayern nach Italien. Transalpiner Transfer in der Frühen Neuzeit, München 2010, 51–72.

SCHMIDT, Hans, Pfalz-Neuburgs Sprung zum Niederrhein. Wolfgang Wilhelm von Pfalz-Neuburg und der Jülich-Clevesche Erbfolgestreit, in: WB II/1, 77–89.

SCHMIDT, Hans, Kurfürst Maximilian I. von Bayern, in: Ders., Persönlichkeit, Politik und Konfession im Europa des Acien Régime. Aufsätze und Vorträge zur Geschichte der Frühen Neuzeit, Hamburg 1995, 211–229.

STEINER, Jürgen, Die pfälzische Kurwürde während des Dreißigjährigen Krieges (1618–1648), Speyer 1985.

STEINER, Peter Bernhard, Der gottselige Fürst und die Konfessionalisierung Altbayerns, in: WB II/1, 252–263.

STIERHOF, Horst H., Zur Baugeschichte der Maximilianischen Residenz, in: WB II/1, 269–278.

STIEVE, Felix, Der Kampf um Donauwörth im Zusammenhange der Reichsgeschichte dargestellt, München 1875.

STIEVE, Felix, Das kirchliche Polizeiregiment unter Maximilian I. 1595–1651, München 1876.

STIEVE, Felix, Der oberösterreichische Bauernaufstand des Jahres 1626, 2 Bde., München 1891.

VASOLD, Manfred, Die deutschen Bevölkerungsverluste während des Dreißigjährigen Krieges, in: ZBLG 56 (1993), 146–160.

VOLK-KNÜTTEL, Brigitte, Wandteppiche für den Münchner Hof nach Entwürfen von Peter Candid, München 1976.

VOLK-KNÜTTEL, Brigitte, Maximilian I. von Bayern als Sammler und Auftraggeber. Seine Korrespondenz mit Philipp Hainhofer 1611–1615, in: Quellen und Studien, 83–128.

VOLK-KNÜTTEL, Brigitte, Peter Candid (um 1548–1628). Gemälde – Zeichnungen – Druckgraphik, Berlin 2010.

WEITLAUFF, Manfred, Die Reichskirchenpolitik des Hauses Bayern im Zeichen gegenreformatorischen Engagements und österreichisch-bayerischen Gegensatzes, in: WB II/1, 48–76.

WOLF, Georg J., Bayerische Außenpolitik unter Herzog Maximilian I. zwischen 1605 und 1618, Diss. München 2012.

ZIEGLER, Walter, Die Rekatholisierung der Oberpfalz, in: WB II/1, 436–447.

ZIEGLER, Walter, Maximilian I. von Bayern und der Kampf um Böhmen 1620, in: Jenal, Georg (Hg.), Gegenwert in Vergangenheit. Beiträge zur Kultur und Geschichte der Neueren und Neuesten Zeit. Festgabe für Friedrich Prinz zu seinem 65. Geburtstag, München 1993, 55–74.

ZIMMERMANN, Günter, Territorium und Konfession am Beispiel Maximilians I, von Bayern, in: Blätter für deutsche Landesgeschichte 127 (1991), 211–223.

Bildnachweis

Bayerisches Armeemuseum, Ingolstadt: Titelbild
Bayerische Staatsbibliothek, München: 39
Bayerische Staatsgemäldesammlung, München: 22, 30, 31, 34, 36
Bayerische Verwaltung der staatlichen Schlösser, Gärten und Seen, München: 7, 64/65, 66, 67
Deutsches Historisches Museum Berlin: 140
Kloster Scheyern: 150
Staatliche Graphische Sammlung, München: 26, 33, 43, 44, 45, 108, 152

Entnommen aus:
Gattinger, Karl, Bier und Landesherrschaft, München 2000: 77
Glaser, Hubert, Quellen und Studien zur Kunstpolitik der Wittelsbacher, München 1980: 71
Junkelmann, Marcus, Tilly, Der katholische Feldherr, Regensburg 2011: 24, 109, 111, 144
Katalog Wittelsbach und Bayern, Teil II/Band II, München 1980: 18, U4
Oberschleißheim, Eine Zeitreise, Oberschleißheim 2010: 68
Saller, Rudolf, Heiliger oder Kriegsverbrecher?, Altötting 2007: 110, 174
Volk-Knüttel, Brigitte, Peter Candid, Berlin 2010: 59

Privat: 90

Bibliografische Information der Deutschen Nationalbibliothek
Die Deutsche Nationalbibliothek verzeichnet diese Publikation in der Deutschen Nationalbibliografie; detaillierte bibliografische Angaben sind im Internet über http://dnb.d-nb.de abrufbar.

ISBN 978-3-7917-2935-0

Umschlaggestaltung: Martin Veicht, Regensburg
Titelbild: Portrait Maximilians I. im schwarzen Feldharnisch, um 1598/1600.
Der Herzog stützt sich mit der rechten Hand auf einen Autorität symbolisierenden Stab, mit der linken auf einen Totenkopfhelm. Das von einem unbekannten Künstler stammende Portrait ist einer der frühesten Vertreter des für Maximilian charakteristischen Bildnistyps im schlichten schwarzen Kavallerieharnisch.
Rückseite: Medaille, ca. 1630/31
Satz: Vollnhals Fotosatz, Neustadt a. d. Donau
Druck und Bindung: Friedrich Pustet, Regensburg
Printed in Germany 2017

Diese Publikation ist auch als eBook erhältlich:
eISBN 978-3-7917-6121-3 (epub)

Weitere Publikationen aus unserem Programm finden Sie auf www.verlag-pustet.de
Kontakt und Bestellungen unter verlag@pustet.de